Liebe Leser!

Die beliebtesten Backrezepte aus der Zeitschrift Landlust haben wir für alle Hobbybäcker küchentauglich zusammengestellt. Sie finden in dieser Küchenkladde Obstkuchen mit den Früchten der Saison, festliche Torten, Schnelles vom Blech und aus der Form, knuspriges Brot und pikantes Partygebäck. Alle Backanleitungen sind geprüft und zum einfachen Nachmachen übersichtlich aufgebaut.

Regelmäßig stellen wir in der Zeitschrift Landlust unter der Rubrik „Land & Lecker" Gasthöfe und Cafés vor, die uns jeweils ein Rezept ihres Hauses für die Veröffentlichung zur Verfügung stellen. Die schönsten Rezepte haben wir in diese Sammlung mit aufgenommen. Welche das sind, erfahren Sie auf den letzten Seiten dieses Buches.

Viel Freude und gutes Gelingen beim Nachbacken!

Ihre Landlust-Redaktion

Inhalt

6–43 Obstkuchen
44–73 Torten
74–103 Blech & Form
104–133 Brot & Brötchen

Obstkuchen

\prikosentarte • Aprikosenkuchen • Aprikosen-Mandelkuchen • Erdbeer-Joghurttorte • Nektarinen-
:uchen • Stachelbeer-Schokoschnitten • Rhabarberkuchen • Pfirsich-Mohnkuchen • Heidelbeertarte •
<äsekuchen mit Heidelbeeren • Beerenkuchen • Beerencrostata • Kirschkuchen mit Streuseln •
<nuspriger Kirschfladen • Sauerkirschkuchen • Himbeertorte • Himbeertörtchen • Gestürzte Apfeltarte •
\pfelkuchen mit Amarettini • Apfelkuchen mit Eierguss • Apfelkuchen mit Karamell • Apfeltarte mit
Zimtparfait • Apfel-Walnusskuchen • Apfelstrudel • Zwetschgenstrudel

Aprikosentarte

Für 1 Springform (Ø 28 cm)
Boden: 200 g Mehl • 2 EL Zucker • 1 Prise Salz • Abrieb von ½ unbehandelten Zitrone • 100 g Butter • 1 kleines Ei
Belag: 750 g frische Aprikosen oder 1½ große Dosen • 200 g Aprikosenkonfitüre • 2 EL Aprikosenlikör • 50 g Mandelblättchen
Außerdem: Mehl zum Ausrollen • Fett für die Form

Für den Boden das Mehl mit dem Zucker, dem Salz und dem Zitronenabrieb auf die Arbeitsfläche häufen. Die Butter in kleinen Stücken obenauf setzen, das Ei in die Mitte geben. Alles mit einem Messer feinbröselig hacken. Anschließend mit den Händen rasch zu einem festen Teig verkneten. Abgedeckt 1 Stunde kalt stellen.
Den Backofen auf 200 Grad vorheizen. Den Boden einer Springform einfetten. Etwa zwei Drittel des Teigs auf etwas Mehl ausrollen. In die Form legen und mit der Gabel mehrmals einstechen. Im vorgeheizten Backofen bei 200 Grad 12 bis 15 Minuten goldgelb backen.
Für den Belag in der Zwischenzeit die frischen Aprikosen in kochendes Wasser geben, einmal aufwallen lassen. Abgießen und abschrecken. Die Früchte häuten, halbieren und den Kern entfernen. Dosenaprikosen abtropfen lassen. Die Konfitüre glatt rühren, nach Belieben etwas Likör unterrühren. Den noch heißen Boden mit gut zwei Drittel der Konfitüre bestreichen. Abkühlen lassen. Den restlichen Teig zu einem dünnen Strang rollen und als Rand an den Tarteboden drücken. Den Boden dicht mit den Aprikosen belegen. Die Mandelblättchen darüberstreuen. Die Tarte bei 200 Grad in 20 bis 25 Minuten fertig backen. Noch heiß mit der restlichen Konfitüre betupfen.

Aprikosenkuchen

Für 1 tiefes Backblech
Boden: 250 g weiche Butter • 200 g Zucker • 6 Eier • 4 cl Mandellikör oder Sahne • 250 g Dinkel- oder Buchweizenmehl • 250 g gemahlene Mandeln • 1 Päckchen Backpulver • 1 Prise Salz
Belag: ca. 1,2 kg frische Aprikosen oder 2 große Dosen • 2–3 EL Aprikosenkonfitüre
Außerdem: Fett fürs Backblech

Den Backofen auf 180 Grad vorheizen. Ein tiefes Backblech einfetten.

Für den Boden die Butter sehr schaumig rühren. Den Zucker abwechselnd mit den Eiern nach und nach unterrühren. Die Flüssigkeit zugeben und alles zu einer dicken Creme schlagen. Das Mehl, die Mandeln, das Backpulver und Salz unter die Creme rühren. Den Teig auf das Backblech geben und glatt streichen. Im vorgeheizten Backofen bei 180 Grad etwa 10 bis 12 Minuten goldgelb backen.

Für den Belag die frischen Aprikosen waschen, halbieren und entkernen. Dosenaprikosen abtropfen lassen. Den vorgebackenen Teig dicht mit den Früchten belegen, etwa weitere 35 bis 40 Minuten backen. Die Konfitüre erwärmen, glatt rühren und den Kuchen damit bestreichen.

Aprikosen-Mandelkuchen

Für 1 Tarteform (Ø ca. 36 cm) oder 1 Backblech
Boden: 350 g Mehl • 150 g Butter • 30 g Puderzucker • 2 Eigelb
Belag: 10 frische Aprikosen oder 1 große Dose • 200 g weiche Butter • 200 g Zucker • 8 Eier • 200 g gemahlene Mandeln • Mandelblättchen • 4 EL Aprikosen-konfitüre
Außerdem: Fett für die Form • Mehl zum Ausrollen • Backerbsen

Für den Boden die Butter würfeln. Mit dem Mehl, dem Puderzucker und dem Eigelb rasch verkneten, eventuell tropfenweise kaltes Wasser unterkneten. Abgedeckt 30 Minuten kalt stellen. Den Backofen auf 200 Grad vorheizen. Eine Tarteform oder ein Backblech einfetten. Den Teig auf etwas Mehl ausrollen und in die Form oder auf das Backblech legen. Mit Backpapier und Backerbsen belegen. Im vorgeheizten Backofen bei 200 Grad etwa 15 Minuten blindbacken. Herausnehmen und das Papier und die Erbsen entfernen. Den Backofen auf 180 Grad herunterschalten.

Für die Füllung die Butter mit dem Zucker cremig rühren. Die Eier nach und nach unterrühren. Zum Schluss die Mandeln unterheben. Die Masse auf dem Teigboden verteilen. Die frischen Aprikosen waschen, entkernen und halbieren. Dosenaprikosen abtropfen lassen. Die Fruchthälften auf die Eiercreme legen, dabei leicht eindrücken. Mit den Mandelblättchen bestreuen. Den Kuchen im Backofen bei 180 Grad etwa 30 bis 40 Minuten backen. Abkühlen lassen. Die Konfitüre mit 1 Esslöffel Wasser leicht erwärmen und glatt rühren. Den Kuchen damit bestreichen.

Erdbeer-Joghurttorte

Für 1 Springform (Ø 28 cm)
Boden: 50 g Mehl • 50 g gemahlene Mandeln • 1 große Messerspitze Backpulver • 100 g Butter • 35 g feiner Zucker • 1 Päckchen Vanillezucker • 1 Eigelb • 1 Prise Salz
Füllung: 450 g Naturjoghurt • 2 Päckchen gemahlene weiße Gelatine • 1 EL Zucker • 2 Päckchen Vanillezucker • 1 Prise Salz • Saft von 2–3 Zitronen • 500 ml Sahne
Belag: ca. 1 kg frische Erdbeeren • 2–3 EL Erdbeerkonfitüre • etwas Orangenlikör • 375 ml Himbeersirup (selbst gemacht) • 1 Päckchen roter Tortenguss • 1–2 EL Butter • 2–3 EL Zucker • 100 g geblätterte Mandeln
Außerdem: Mehl zum Ausrollen und für die Form

Für den Boden alle Teigzutaten rasch verkneten. Abgedeckt mindestens 30 Minuten kalt stellen. Den Backofen auf 200 Grad vorheizen. Einen Springformboden bemehlen.
Den Teig auf etwas Mehl ausrollen und in die Form geben. Im vorgeheizten Backofen bei 200 Grad etwa 10 Minuten goldbraun backen.
Für die Füllung die Gelatine in etwas kaltem Wasser quellen lassen. Den Joghurt mit dem Zucker, Vanillezucker, 1 kräftigen Prise Salz und dem Zitronensaft verrühren. Die Gelatine vorsichtig erwärmen, bis sie sich auflöst. Etwas von der Joghurtmasse in die Gelatine rühren. Dann zügig mit der restlichen Joghurtmasse glatt verrühren. Kalt stellen. Die Sahne steif schlagen. Sobald die Masse zu stocken beginnt, die Sahne unterheben.
Für den Belag die Erdbeeren kurz in Wasser schwenken, gut abtropfen lassen und entkelchen. Einige Früchte in dünne Scheiben schneiden. Den Boden mit der Konfitüre bestreichen und mit den Erdbeerscheiben belegen. Mit einem Tortenring umschließen. Die Joghurtmasse einfüllen, glatt streichen und 4 bis 5 Stunden kalt stellen. Die restlichen Erdbeeren halbieren, die Torte damit belegen und mit etwas Likör beträufeln. Den Sirup mit dem Tortenguss andicken. Leicht abgekühlt über die Früchte verteilen.
Die Butter mit dem Zucker karamellisieren. Die Mandelblätter darin unter Rühren goldgelb bräunen, sofort auf Backpapier sehr dünn verteilen. Zum Servieren den Kuchen mit den Mandelblättchen bestreuen.
Tipp: Der Kuchen schmeckt auch mit frischen Himbeeren lecker.

Nektarinenkuchen

Für 1 tiefes Backblech
Boden: 8 Eier • 250 g Zucker • Abrieb und Saft von ½ unbehandelten Zitrone • 175 g Grieß • 100 g gemahlene Mandeln • 1 Prise Salz
Belag: ca. 1 kg frische Nektarinen • 2–3 EL Quittengelee
Außerdem: Fett fürs Backblech

Den Backofen auf 200 Grad vorheizen. Das Backblech einfetten.
Für den Boden die Eier trennen. Das Eigelb mit dem Zucker zu einer dicken, hellen Creme schlagen. Den Zitronenabrieb, Zitronensaft, Grieß und die Mandeln auf der Creme verteilen. Das Eiweiß mit dem Salz steif schlagen und über die Mandeln häufen. Alles sorgfältig unter die Eigelbcreme ziehen. Die Masse auf dem Backblech verstreichen.
Für den Belag die Nektarinen waschen, halbieren und entkernen. In dünne Spalten schneiden und den Teig in Reihen damit belegen. Im vorgeheizten Backofen bei 200 Grad etwa 35 bis 40 Minuten backen. Den Kuchen abkühlen lassen. Das Gelee erwärmen. Den Kuchen damit überglänzen.

Stachelbeer-Schokoschnitten

Für 1 halbes Backblech oder 1 Springform
Boden: 200 g weiche Butter • 170 g Zucker • 4 Eier • 100 g Mehl • 2 TL Backpulver • 50–75 g Kakao • 125 g gemahlene Mandeln • 100 g Zartbitterschokolade
Füllung: 2 Gläser Stachelbeeren • 6 EL Zucker • 200 ml Weißwein • Mark von ½ Vanilleschote • 1 Päckchen Tortenguss • 2 Blatt Gelatine • 300 g saure Sahne • 300 ml Sahne
Außerdem: Puderzucker zum Bestäuben

Den Backofen auf 180 Grad vorheizen. Ein Backblech mit Backpapier belegen.
Für den Boden die Schokolade reiben. Die Butter mit dem Zucker weißschaumig rühren. Die Eier unterschlagen. Das Mehl mit dem Backpulver und Kakao unterrühren, danach die Mandeln und die Schokolade unterrühren. Den Teig auf das halbe Backblech streichen. Im vorgeheizten Backofen bei 180 Grad etwa 30 bis 40 Minuten backen.
Für die Füllung die Stachelbeeren abtropfen lassen, den Saft auffangen. 2 Esslöffel Zucker in einem Topf karamellisieren. Mit dem Weißwein ablöschen. 250 ml Stachelbeersaft hinzugießen. So lange köcheln, bis der Karamell sich vom Boden löst. Das Vanillemark unterrühren. Vom Sud 250 ml abmessen und mit dem Tortenguss andicken. Die Stachelbeeren unterheben und abkühlen lassen.
Den noch warmen Kuchenboden mit etwas vom restlichen Sud beträufeln. Den Boden waagerecht durchschneiden. Die Gelatine in kaltem Wasser einweichen. Die saure Sahne mit dem restlichen Zucker verrühren. Die Gelatine leicht ausdrücken und vorsichtig erwärmen, bis sie sich auflöst. Rasch mit etwas von der sauren Sahne mischen. Zügig mit der restlichen sauren Sahne verrühren. Die Sahne schlagen und unterziehen. Die Masse auf der unteren Kuchenplatte verstreichen. Die Stachelbeeren darauf verteilen. Den Kuchen einige Stunden kalt stellen. Vor dem Servieren die obere Kuchenplatte in viereckige Portionsstücke schneiden. Auf die Stachelbeeren legen und mit Puderzucker bestäuben.

Rhabarberkuchen

Für 1 tiefes Backblech

Boden: 175 g weiche Butter • 125 g Zucker • 1 Päckchen Vanillezucker • 5 Eigelb • 275 g Mehl • 1 TL Backpulver • 100 ml Milch

Belag: 1,25 kg frischer oder tiefgefrorener Rhabarber • 175 g Zucker • 500–700 ml Rhabarber- oder Apfelsaft • 1 ½ Päckchen Vanillepudding • 5 Eiweiß • 200 g Puderzucker

Am Vortag den Rhabarber mit dem Zucker vermischen, über Nacht Saft ziehen lassen, den frischen Rhabarber vorher putzen und klein schneiden.

Den Backofen auf 175 Grad vorheizen. Ein tiefes Backblech mit Backpapier auslegen.

Für den Boden die Butter mit dem Zucker und Vanillezucker weißschaumig rühren. Das Eigelb nach und nach unterschlagen. Das Mehl mit dem Backpulver vermischen und im Wechsel mit der Milch kurz unterrühren. Den Teig auf dem Backblech verteilen. Im vorgeheizten Backofen bei 175 Grad etwa 5 Minuten vorbacken.

Für den Belag den Rhabarber abtropfen lassen, den Saft auffangen. Mit dem Rhabarber- oder Apfelsaft auf 750 ml auffüllen und daraus mit dem Vanillepuddingpulver eine Creme kochen. Den Rhabarber untermischen und auf dem Teigboden gleichmäßig verteilen. Im vorgeheizten Backofen bei 175 Grad etwa 35 Minuten backen.

In der Zwischenzeit das Eiweiß langsam halbsteif schlagen. Den Puderzucker nach und nach zugeben und ganz steif schlagen. Die Masse auf dem Kuchen verteilen, dabei kleine Zipfel in die Höhe ziehen. Kuchen etwa 15 Minuten weiterbacken, bis die Eiweißzipfel angebräunt sind.

Pfirsich-Mohnkuchen

Für 1 Springform (Ø 28 cm)
Teig: 600–700 g frische Pfirsiche oder 1 große Dose • 175 g Butter • 3 Eier • 150 g Zucker • 75 g gemahlener Mohn • 125 g Mehl • 1 gestrichener TL Backpulver • Abrieb von ½ unbehandelten Zitrone • evtl. 2 EL Mandellikör
Außerdem: Fett für die Form

Die Pfirsiche in kochendes Wasser geben und einmal aufwallen lassen. Sofort abgießen und abschrecken. Dann häuten, entkernen und vierteln. Dosenfrüchte abtropfen lassen. Den Backofen auf 200 Grad vorheizen. Eine Springform einfetten.

Für den Teig die Butter zerlassen. Die Eier mit dem Zucker sehr schaumig schlagen. Den Mohn mit dem Mehl und Backpulver vermischen und unterheben. Den Zitronenabrieb und die Butter unterrühren. Nach Belieben etwas Likör unterrühren. Etwa die Hälfte des Teiges in die Springform füllen und glatt streichen. Gut die Hälfte der Früchte darauf verteilen. Den restlichen Teig darüberstreichen. Im vorgeheizten Backofen bei 200 Grad etwa 15 Minuten vorbacken. Herausnehmen und die restlichen Pfirsiche auf dem Kuchen verteilen. Etwa 25 bis 35 Minuten weiterbacken.

Tipp: Die Pfirsiche können Sie durch Aprikosen oder Mirabellen ersetzen. Dann den Teig mit Aprikosen- oder Mirabellengeist bzw. -likör aromatisieren.

Heidelbeertarte

Für 1 Tarte- oder Springform (Ø 28 cm)
Boden: 100 g Butter • 250 g Mehl • 1–2 EL Zucker • 1 Ei • Salz
Füllung: 300 g frische oder tiefgefrorene Heidelbeeren • 250 g Mascarpone • 2 Eigelb • 125 g Zucker
Außerdem: Fett für die Form • Mehl zum Ausrollen

Den Backofen auf 200 Grad vorheizen. Eine Tarte- oder Springform einfetten.
Für den Boden die gewürfelte Butter mit Mehl, Zucker, Ei und 1 Prise Salz rasch verkneten. Dabei nach und nach 2 bis 3 Esslöffel kaltes Wasser zugeben, bis ein geschmeidiger Teig entstanden ist. Abgedeckt etwa 30 Minuten kalt stellen.
Den Teig auf etwas Mehl ausrollen. Die Form damit auslegen. Den Boden mehrmals mit einer Gabel einstechen. Im vorgeheizten Backofen bei 200 Grad etwa 8 bis 10 Minuten vorbacken.
Für die Füllung die frischen Heidelbeeren verlesen, waschen und abtropfen lassen. Den Mascarpone mit dem Eigelb und dem Zucker glatt rühren. Auf dem vorgebackenen Mürbeteig verteilen und glatt streichen. Die frischen oder tiefgefrorenen Heidelbeeren darauf verteilen und 30 bis 40 Minuten bei 200 Grad weiterbacken.

Käsekuchen mit Heidelbeeren

Für 1 tiefes Backblech
Boden: 300 g Mehl • 150 g Butter • 100 g Zucker • 1 Prise Salz • 2 Eiweiß
Füllung: ca. 500 g frische oder tiefgefrorene Heidelbeeren • 750 g Sahnequark • 500 g Frischkäse • 5 Eier • 2 Eigelb • Abrieb von 1 unbehandelten Zitrone • 2 EL Zitronensaft • 2 gehäufte EL Mehl • 200 g Zucker • 1 Päckchen Vanillezucker
Außerdem: Fett fürs Backblech • Mehl zum Ausrollen

Für den Boden das Mehl mit Butterstückchen, Zucker, etwas Salz und Eiweiß rasch zu einem Teig verkneten. Abgedeckt mindestens 1 Stunde kalt stellen.
Den Backofen auf 200 Grad vorheizen. Ein tiefes Backblech einfetten.
Gut drei Viertel des Teiges auf etwas Mehl ausrollen. Das Backblech damit auslegen. Den Boden mit einer Gabel mehrmals einstechen. Im vorgeheizten Backofen bei 200 Grad 12 bis 15 Minuten vorbacken. Herausnehmen und den Boden etwas abkühlen lassen.
Für die Füllung die frischen Beeren verlesen, waschen und abtropfen lassen. Aus Quark, Frischkäse, Eiern, Eigelb, Zitronenabrieb und -saft, Mehl, Zucker und Vanillezucker eine glatte Creme rühren. Den restlichen Teig zu langen Rollen formen und als Rand an den etwas abgekühlten Teigboden drücken. Die Käsemasse einfüllen und glatt streichen. Die frischen oder tiefgefrorenen Heidelbeeren darauf verteilen. Den Kuchen bei 200 Grad 15 Minuten weiterbacken, danach etwa weitere 50 Minuten bei 100 Grad.
Tipp: Der Kuchen schmeckt auch mit Kirschen oder Johannisbeeren lecker!

Beerenkuchen

Für 1 Backblech
Boden: 150 g Magerquark • 150 g Mehl • 150 g Butter • 1 TL Vanillezucker • 1 Prise Salz
Belag: 750 g frische oder tiefgefrorene Beeren • 250 ml Johannisbeersaft • 2 cl Johannisbeerlikör oder Himbeersirup • 1 Päckchen Tortenguss • Zucker nach Geschmack • 4 EL Aprikosen- oder Beerenkonfitüre
Außerdem: Fett fürs Backblech • Mehl zum Ausrollen

Für den Boden den Quark in einem Sieb abtropfen lassen. Danach mit Mehl, Butterstückchen, Vanillezucker und Salz rasch zu einem festen Teig verkneten. Abgedeckt mindestens 1 Stunde kalt stellen.
Den Backofen auf 200 Grad vorheizen. Ein Backblech einfetten.
Den Teig auf etwas Mehl ausrollen. Das Backblech damit auslegen und den Boden mit einer Gabel mehrmals einstechen. Im vorgeheizten Backofen bei 200 Grad etwa 18 bis 20 Minuten goldbraun backen. Noch heiß mit der Konfitüre bestreichen und abkühlen lassen.
Für den Belag die frischen Beeren verlesen, waschen und abtropfen lassen. Große Beeren eventuell halbieren. Den Boden mit den vorbereiteten oder tiefgefrorenen Beeren belegen. Den Saft und den Likör oder Sirup mischen und mit Zucker abschmecken. Mit dem Tortengusspulver unter Rühren aufkochen. Leicht abgekühlt mit einem breiten Pinsel über den Beeren verteilen.

Beerencrostata

Für 1 Springform (Ø 24 cm)
Boden: 225 g Mehl • 50 g Zucker • 1 Prise Salz • etwas Abrieb von 1 unbehandelten Zitrone • 150 g Butter
Creme: 200 g frische oder tiefgefrorene Beeren • 100 g Zucker • 3 Eier • 50 g Butter • 4 EL Sahne
Belag: 200 g frische oder tiefgefrorene Beeren • 200 ml Sahne
Außerdem: Fett für die Form • Mehl zum Ausrollen • Puderzucker zum Bestäuben

Für den Boden das Mehl mit dem Zucker, dem Salz, dem Zitronenabrieb und der Butter leicht verkrümeln. Mit 2 bis 3 Esslöffeln kaltem Wasser schnell zu einem Teig verkneten. Abgedeckt 30 Minuten kalt stellen.
Den Backofen auf 200 Grad vorheizen. Eine Springform einfetten.
Für die Creme die frischen Beeren verlesen, waschen und abtropfen lassen, anschließend pürieren und passieren. Die tiefgefrorenen Beeren vorher leicht antauen lassen. Das Püree mit Zucker, Eiern, Butter und Sahne im heißen Wasserbad dickschaumig aufschlagen. Anschließend erkalten lassen.
Den Teig auf etwas Mehl dünn ausrollen. Den Boden und den Rand einer Springform damit auslegen. Im vorgeheizten Backofen bei 200 Grad etwa 10 Minuten goldgelb vorbacken. Herausnehmen, den Backofen auf 160 Grad zurückschalten. Die Beerencreme auf den Teigboden verteilen und glatt streichen. Den Kuchen etwa 30 Minuten im Backofen bei 160 Grad weiterbacken.
Für den Belag die Sahne steif schlagen. Mit den angetauten Beeren auf den Boden geben. Mit Puderzucker dick bestäuben.

Kirschkuchen mit Streuseln

Für 1 tiefes Backblech
Boden: 250 g weiche Butter • 5 Eier • 200 g Zucker • 200 g gemahlene Haselnüsse • 300 g Mehl • 1 Päckchen Backpulver • 1 Prise Salz
Belag: ca. 1 kg frische Kirschen oder 800 g tiefgefrorene
Streusel: 350 g Mehl • 200 g Butter • 200 g Zucker • 1 EL gemahlener Zimt
Außerdem: Fett fürs Backblech • Mehl zum Ausrollen

Den Backofen auf 180 Grad vorheizen. Ein tiefes Backblech einfetten.
Für den Boden die Butter sehr schaumig rühren. Nach und nach die Eier mit dem Zucker zugeben und zu einer cremigen Masse schlagen. Die Haselnüsse mit Mehl, Backpulver und Salz vermischen und sorgfältig unterrühren. Den Teig auf das Backblech geben und glatt streichen.
Für den Belag die frischen Kirschen waschen, entstielen und nach Belieben entsteinen. Die Hälfte der frischen oder tiefgefrorenen Früchte auf dem Teig verteilen. Im vorgeheizten Backofen bei 180 Grad etwa 15 Minuten vorbacken.
Für die Streusel die Butter zerlassen. Zum Zucker, Mehl und Zimt gießen. Alles mit den Fingerspitzen zu Streuseln verreiben.
Die restlichen Kirschen auf dem vorgebackenen Teig verteilen. Die Streusel darüberstreuen. Den Kuchen weitere 35 bis 40 Minuten backen.

Knuspriger Kirschfladen

Für 1 Springform (Ø 28 cm)
Boden: 250 g Mehl • 125 g Butter • 2 Eigelb • 2 EL Zucker • 2–4 EL Milch
Belag: 750 g frische Süßkirschen oder 600 g tiefgefrorene • 2 ½ EL Zucker • etwas Rum • 1 TL Speisestärke
Außerdem: Mehl zum Ausrollen • 1 Eiweiß zum Bestreichen

Für den Boden das Mehl mit den Butterstückchen, dem Eigelb, dem Zucker und der Milch rasch zu einem Teig verkneten. Abgedeckt 1 Stunde kalt stellen.
Für den Belag die frischen Kirschen waschen, entstielen und entsteinen. Zwei Drittel der frischen oder tiefgefrorenen Kirschen mit dem Zucker und dem Rum etwa 5 Minuten köcheln lassen. Die Speisestärke mit etwas kaltem Wasser verrühren. Die Fruchtmischung damit binden. Abkühlen lassen und anschließend pürieren. Den Backofen auf 175 Grad vorheizen. Eine Springform mit Backpapier auslegen.
Den Teig auf etwas Mehl dünn ausrollen. Die Springform so mit dem Teig auskleiden, dass rundherum ein etwa 3 cm hoher Rand entsteht. Das Kirschpüree einfüllen, die restlichen Kirschen darauf verteilen. Den Teigrand auf die Füllung schlagen und mit dem verquirlten Eiweiß bestreichen. Im vorgeheizten Backofen bei 175 Grad etwa 30 Minuten backen.

Sauerkirschkuchen mit Mandelbaiser

Für 1 Springform (Ø 28 cm)
Boden: 200 g Mehl • 100 g Butter • 2 EL Zucker • 2 Eigelb • 1 Prise Salz
Belag: 750 g frische Sauerkirschen oder 600 g tiefgefrorene • 4 Eiweiß • 1 Prise Salz • 200 g Zucker • Saft und Abrieb von ½ unbehandelten Zitrone • 150 g Mandelblättchen
Außerdem: Fett für die Form • Mehl zum Ausrollen • Puderzucker zum Bestäuben

Für den Boden das Mehl mit gewürfelter Butter, Zucker, Eigelb und Salz rasch verkneten. Abgedeckt 1 Stunde kalt stellen.
Den Backofen auf 200 Grad vorheizen. Eine Springform einfetten.
Gut zwei Drittel des Teiges auf etwas Mehl ausrollen. Den Boden der Springform damit auslegen. Im vorgeheizten Backofen bei 200 Grad etwa 15 Minuten vorbacken. Herausnehmen und abkühlen lassen.
Für den Belag die frischen Kirschen waschen, entstielen und entsteinen. Das Eiweiß mit dem Salz ganz steif schlagen, dabei den Zucker langsam unterschlagen. Zum Schluss Zitronenabrieb und -saft unterrühren. Zuerst die frischen oder tiefgefrorenen Kirschen und anschließend die Mandelblättchen unterheben. Aus dem restlichen Teig einen Rand an den Mürbeteigboden drücken. Die Kirschmasse einfüllen und glatt streichen. Im Backofen bei 200 Grad weitere 35 bis 40 Minuten backen. Zum Servieren mit Puderzucker bestäuben.
Tipp: Den Kuchen vor dem Anschneiden gut auskühlen lassen. Nach diesem Rezept lassen sich auch Johannisbeeren, Stachelbeeren oder Rhabarber backen.

Himbeertorte mit Frischkäse

Für 1 Springform (Ø 28 cm)
Boden: 2 Eier • 65 g Zucker • 40 g Dinkelmehl • 40 g Weizenmehl • 25 g Speisestärke • ¼ TL Backpulver
Füllung: 250 g Frischkäse • 80 g Puderzucker • 1 TL Vanillezucker • 300 ml Sahne • 5 Blatt weiße Gelatine
Belag: 400–500 g frische oder tiefgefrorene Himbeeren • 250 ml Himbeersirup • 2 Päckchen rotes Tortengusspulver
Zum Garnieren: 100 ml Sahne • 12 Himbeeren

Den Backofen auf 190 Grad vorheizen. Eine Springform mit Pergamentpapier auslegen.
Für den Boden die Eier trennen. Das Eigelb mit zwei Drittel des Zuckers dickschaumig schlagen. Das Eiweiß mit dem restlichen Zucker zu Eischnee schlagen. Den Eischnee zur Eigelbmasse geben. Alles Mehl, die Stärke und das Backpulver locker unterheben. Den Teig in die Springform füllen. Im vorgeheizten Backofen bei 190 Grad etwa 10 bis 15 Minuten backen. Herausnehmen und den Kuchen auskühlen lassen.
Für die Füllung die Gelatine in kaltem Wasser einweichen. Inzwischen den Frischkäse mit dem Puderzucker und dem Vanillezucker glatt verrühren. Die Gelatine ausdrücken und vorsichtig auflösen. Mit etwas Frischkäsemasse glatt verrühren, danach sofort unter die restliche Frischkäsemasse rühren. Die Sahne steif schlagen und unterheben. Den Biskuitboden mit einem Tortenring umschließen. Die Frischkäsemasse darauf verteilen und glatt streichen.
Für den Belag die frischen Himbeeren verlesen, nur wenn nötig waschen und abtropfen lassen. Den Kuchen mit den frischen oder tiefgefrorenen Himbeeren dicht an dicht belegen. Zum Garnieren 12 Himbeeren beiseitestellen. Den Himbeersirup mit 250 ml Wasser vermischen, mit dem Tortengusspulver andicken und über die Himbeeren gießen. Die Torte für mindestens 2 Stunden in den Kühlschrank stellen.
Zum Garnieren die Sahne steif schlagen. Die Torte mit Sahne und Himbeeren verzieren.

Himbeertörtchen mit Zitronencreme

Für etwa 12 kleine Törtchen
Boden: 250 g Mehl • 50 g Zucker • 1 Prise Salz • Abrieb von ½ unbehandelten Zitrone • 125 g Butter • 1 Ei
Belag: 500 g frische oder tiefgefrorene Himbeeren • 75 g Zucker • 3 Eigelb • 1 Ei • Saft und Abrieb von 1 ½ unbehandelten Zitronen • 150 g Butter
Außerdem: Fett und Mehl für die Förmchen und zum Ausrollen • Puderzucker zum Bestäuben

Für den Boden die Butterstückchen mit den anderen Teigzutaten rasch zu einem Teig verkneten. Abgedeckt 30 Minuten kalt stellen.
Den Backofen auf 200 Grad vorheizen. Die Förmchen gut einfetten und mit Mehl ausstäuben. Den Teig auf wenig Mehl 3 bis 4 mm dick ausrollen. Die Förmchen dicht nebeneinanderstellen. Die ausgerollte Teigplatte darüberlegen. Mit einer Kuchenrolle darüberrollen, dabei fällt der Teig in die Förmchen. Im vorgeheizten Backofen bei 200 Grad etwa 15 Minuten goldbraun backen. Die Törtchen etwas abkühlen lassen, danach stürzen.
Für den Belag die frischen Himbeeren verlesen, nur wenn nötig waschen und abtropfen lassen. Den Zucker mit dem Eigelb, Ei, Zitronensaft und -abrieb im heißen Wasserbad dickschaumig schlagen. Einmal aufwallen lassen, sofort vom Herd nehmen und in eine Schüssel umfüllen. Nun zügig die Butter in Stückchen unterrühren. Kalt stellen. Die Torteletts mit der Creme füllen. Die Himbeeren darauf häufen. Dick mit Puderzucker überstäuben und sofort servieren.

Gestürzte Apfeltarte

Für 1 Wähen- oder Springform (Ø 22 cm)
Boden: 150 g Mehl • 100 g Butter • 60 g Zucker • ½ Ei
Füllung: ca. 1,75 kg feste Äpfel, z. B. Cox Orange • 300 g Puderzucker • 100 g Butter
Außerdem: Butter für die Form • Mehl zum Ausrollen • Puderzucker zum Bestäuben

Für den Boden das Mehl mit den Butterstückchen, dem Zucker und dem Ei rasch verkneten. Abgedeckt 30 Minuten kalt stellen. Den Backofen auf 250 Grad vorheizen. Die Form dick mit Butter ausstreichen.

Für die Füllung die Äpfel schälen, entkernen und in 5 mm dünne Scheiben schneiden. Etwa eine halbe Tasse Puderzucker in der Form verteilen. Mit einer Schicht Äpfel bedecken. Mit etwas Puderzucker und einigen Butterflöckchen bestreuen. Im Wechsel nun Äpfel, Butter und Puderzucker einschichten, bis alles aufgebraucht ist. Die Form auf den Boden des vorgeheizten Backofens stellen. Möglichst bei 250 Grad Unterhitze etwa 30 Minuten backen. Die Äpfel sollten leicht bissfest sein. Dann den Teig auf Mehl dünn ausrollen. Die Äpfel damit bedecken und bei 225 Grad etwa 10 Minuten goldbraun backen. Herausnehmen und sofort auf einen feuerfesten Teller stürzen. (Vorsicht: sehr heiß!) Dick mit Puderzucker bestäuben. Im Backofen 5 bis 10 Minuten übergrillen, bis der Zucker karamellisiert.

Tipp: Beim Backen bildet sich viel Saft. Die Kuchenform sollte vollständig dicht sein oder mit Alufolie ausgelegt werden.

Apfelkuchen mit Amarettini

Für 1 Springform (Ø 28 cm)
Boden: 300 g Mehl • 190 g Butter • 1 Ei • 125 g Zucker • 1 Messerspitze Abrieb 1 unbehandelten Orange • 1 EL Vanillezucker
Füllung: 4–5 Äpfel • 1–2 EL Zitronensaft • etwa 125 g Amarettini
Außerdem: Fett für die Form • Mehl zum Ausrollen • Puderzucker zum Bestäuben

Für den Boden Mehl, Butterstückchen, Ei, Zucker, Orangenabrieb und Vanillezucker rasch zu einem glatten Teig verkneten. Abgedeckt 30 Minuten kalt stellen.

Den Backofen auf 200 Grad vorheizen. Eine Springform einfetten.

Für die Füllung die Äpfel schälen, entkernen und würfeln, anschließend mit dem Zitronensaft vermischen.

Etwa zwei Drittel des Teigs auf etwas Mehl ausrollen. Den Boden und den Rand der Springform damit bedecken. Die Amarettini grob zerkrümeln und auf dem Teig verteilen. Die Äpfel darauf schichten. Den restlichen Teig ausrollen. Den Kuchen damit bedecken, die Ränder festdrücken.

Im vorgeheizten Backofen bei 200 Grad etwa 35 bis 40 Minuten goldgelb backen. Nach dem Abkühlen mit etwas Puderzucker bestäuben.

Apfelkuchen mit Eierguss

Für 1 Springform (Ø 28 cm)
Boden: 200 g Mehl • 1/3 Würfel Hefe • 1 Eigelb • 75 g weiche Butter • 1 EL Zucker • 1 Prise Salz
Belag: ca. 700 g Äpfel, z. B. Cox Orange
Guss: 2 Eier • 3 EL Zucker • 150 ml Sahne • ca. 50 ml Milch
Außerdem: Fett für die Form • Mehl zum Ausrollen

Für den Boden die Hefe in etwa 75 ml lauwarmem Wasser auflösen. Mit etwas Mehl verrühren und 30 Minuten gehen lassen. Dann mit dem restlichen Mehl, dem Eigelb, der Butter, dem Zucker und Salz zu einem geschmeidigen Hefeteig verkneten. Abgedeckt etwa 30 Minuten gehen lassen, bis er sein Volumen etwa verdoppelt hat. Danach den Teig kräftig durchkneten und 5 Minuten ruhen lassen. Den Backofen auf 175 Grad vorheizen. Die Springform einfetten.
Den Teig auf etwas Mehl ausrollen. Die Form damit auslegen, den Rand etwas hochziehen.
Für den Belag die Äpfel schälen, entkernen und achteln. Auf dem Teigboden schuppenförmig auslegen, den Teig dabei nicht durchdrücken, damit der Guss nicht ausläuft.
Für den Guss die Eier mit dem Zucker, der Sahne und der Milch verquirlen und über die Äpfel gießen. Den Kuchen im vorgeheizten Backofen bei 175 Grad etwa 50 Minuten backen. Die Äpfel sollen weich werden, und der Guss soll stocken. Eventuell den Kuchen mit Backpapier abdecken, damit er nicht zu dunkel wird.
Tipp: Besonders lecker schmeckt der Kuchen noch lauwarm.

Apfelkuchen mit Karamell

Für 1 Backblech
Boden: 125 g weiche Butter • 50 g Zucker • 150 g Mehl • 50 g Grießmehl • ½ EL Vanillezucker • Salz
Füllung: 200 g Mascarpone • 1 EL Zitronensaft
Belag: 8 säuerliche Äpfel • 2 EL Butter • 100 ml Zitronensaft • 2–3 EL Mandellikör • 4 EL Zucker • 75 ml Apfelsaft
Außerdem: Fett fürs Backblech

Den Backofen auf 140 Grad vorheizen. Das Backblech einfetten.
Für den Boden die Butter mit dem Zucker weißschaumig schlagen. Nach und nach das Mehl, das Grießmehl, den Vanillezucker und 1 kräftige Prise Salz zugeben. Alles zu einem glatten Teig verrühren. In zwei etwa 10 cm breiten Streifen auf das Backblech streichen. Im vorgeheizten Backofen bei 140 Grad etwa 40 Minuten backen.
Für den Belag die Äpfel schälen, entkernen und in dicke Spalten schneiden. In einer großen Pfanne die Butter zerlassen. Die Äpfel darin goldgelb anbraten. Den Zitronensaft, Likör und Zucker zugeben. Die Hitze reduzieren und die Äpfel langsam karamellisieren lassen, sie sollen aber nicht weich werden. Dann die Apfelspalten herausnehmen und abkühlen lassen.
Den entstandenen Sud in der Pfanne mit dem Apfelsaft etwa 2 Minuten dicklich einkochen. Abkühlen lassen.
Für die Füllung den Mascarpone mit dem Zitronensaft verrühren. Die Teigstreifen in 10 bis 12 gleich große Stücke schneiden. Die Mascarponemasse darauf verteilen. Darauf die Äpfel schichten. Mit dem Sud beträufeln und sofort servieren.

Apfeltarte mit Zimtparfait

Für 1 Springform (Ø 30 cm)
Boden: 200 g Mehl • 125 g Butter • 125 g Zucker • 1 EL Vanillezucker • 1 Eigelb • 1 Prise Salz
Belag: 200 g Mandelstifte • 6 große Äpfel • 8–9 große Eier • 600 ml Sahne • 100 g Rosinen
Parfait: 125 g Zucker • 3 Eigelb • ca. 1 EL gemahlener Zimt • etwas Rum oder Mandellikör • 500 ml Sahne
Außerdem: Mehl zum Ausrollen

Für den Boden die Butterwürfel rasch mit den anderen Zutaten zu einem Teig verkneten. Abgedeckt etwa 30 Minuten kalt stellen.
Den Backofen auf 200 Grad vorheizen. Eine Springform mit Backpapier auslegen.
Den Teig auf etwas Mehl ausrollen. In die Form legen, dabei einen kleinen Rand hochziehen. Den Teig mit einer Gabel mehrfach einstechen. Im vorgeheizten Backofen bei 200 Grad etwa 10 Minuten vorbacken. Den Backofen auf 175 Grad zurückschalten.
Für den Belag die Mandelstifte in einer Pfanne ohne Fett goldbraun rösten. Die Äpfel schälen, entkernen und blättrig schneiden. Eier verquirlen, Sahne unterrühren. Die Äpfel, Mandeln und Rosinen unterheben. Die Apfel-Eimasse auf dem vorgebackenen Boden verteilen. Bei 175 Grad etwa 45 Minuten backen, bis die Masse gestockt ist.
Am Vortag für das Zimtparfait den Zucker mit dem Eigelb schaumig schlagen. Mit Zimt und etwas Alkohol abschmecken. Die Sahne steif schlagen und unterheben. Die Parfaitmasse in eine mit Klarsichtfolie ausgelegte Form füllen. Abgedeckt über Nacht gefrieren lassen. Zur Tarte servieren.
Tipp: Die Apfeltarte schmeckt lauwarm am besten. Dazu passt Vanilleeis.

Apfel-Walnusskuchen

Für 1 Tarte- oder Springform (Ø 24 cm)
Boden: 100 g gemahlene Walnüsse • 325 g Mehl • 175 g Zucker • 1 Ei • 1 Eigelb • 225 g Butter
Füllung: 6–8 kleine Äpfel mit Stielen • 1 EL Zitronensaft
Außerdem: Fett für die Form • Mehl zum Ausrollen

Für den Boden die Butter würfeln und mit den gemahlenen Walnüssen, dem Mehl, Zucker, Ei und Eigelb rasch zu einem glatten Teig verkneten. Abgedeckt mindestens 30 Minuten kalt stellen.
Den Backofen auf 175 Grad vorheizen. Die Tarte- oder Springform einfetten.

Für die Füllung die Äpfel schälen, dabei den Stiel nicht entfernen. Von den Äpfeln unten eine dicke Scheibe abschneiden und das Kerngehäuse von unten entfernen. Die Äpfel mit Zitronensaft beträufeln.
Zwei Drittel des Teiges auf etwas Mehl ausrollen. Den Boden und den Rand der Form damit auslegen. Die Äpfel mit dem Stiel nach oben daraufsetzen. Die abgeschnittenen Apfelscheiben klein würfeln und zwischen den Äpfeln verteilen.
Den restlichen Teig ausrollen und die Äpfel damit bedecken. Die Stiele sollen sich durch den Teig drücken. Den Teig leicht andrücken. Im vorgeheizten Backofen bei 175 Grad etwa 30 bis 40 Minuten goldgelb backen.

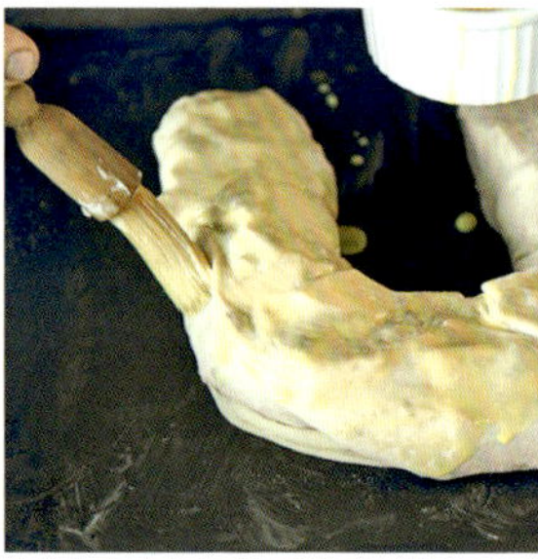

Strudel

Grundrezept

Teig: 200 g Mehl • 2 EL Öl • 1 Prise Salz
Außerdem: etwas Öl und ca. 75 g Butter zum Bestreichen • Fett fürs Backblech • Mehl zum Ausrollen

Für den Teig das Mehl mit dem Öl, 125 ml lauwarmem Wasser und dem Salz zu einem glatten Teig verkneten. Anschließend etwa 50-mal mit Wucht auf die Arbeitsplatte werfen. Den Teig mit etwas Öl bestreichen. Abgedeckt mindestens 1 Stunde bei Zimmertemperatur ruhen lassen.
Den Backofen auf 200 Grad vorheizen. Ein Backblech einfetten.
Den Teig auf etwas Mehl dünn ausrollen. Danach vorsichtig auf etwa 60 x 50 cm hauchdünn ausziehen. Auf ein großes, bemehltes Tuch legen und die Teigplatte etwas in Form ziehen. Die Füllung darauf verteilen. Die seitlichen Teigenden einschlagen und mithilfe des Tuches aufrollen. Den Strudel auf das Backblech legen.
Die Butter zerlassen. Den Strudel dick mit etwas von der Butter bestreichen. Im vorgeheizten Backofen bei 200 Grad backen. Zwischendurch und nach dem Backen den Strudel mit der restlichen Butter bestreichen. Die Backzeit richtet sich nach der Füllung.

So gelingt der Strudelteig
Für Strudelteig werden die Teigzutaten zuerst wie üblich geknetet. Dann muss der Teig tüchtig gewalkt und geschlagen werden. Während der anschließenden Ruhezeit entfaltet sich der Kleber und der Teig wird seidig glänzend. Anschließend kann der Strudelteig mit etwas Übung dünn ausgezogen werden. Und zwar so dünn, dass man fast eine Zeitung hindurch lesen könnte und der Teig trotzdem nicht reißt. So läuft später kein Saft aus. Und die Füllung bleibt unter der knusprigen Teighülle schön saftig.

Apfelstrudel

Teig: 1 Grundrezept Strudelteig
Füllung: 2 kg säuerliche Äpfel, z. B. Boskop • 100 g Rosinen • 4 cl Rum • 150 g Semmelbrösel • 150 g Butter • 1 TL Zimt • 150 g Zucker • 80 g gehackte Walnüsse
Außerdem: Fett fürs Backblech • Mehl zum Ausrollen • Puderzucker zum Bestäuben

Den Teig nach dem Grundrezept (Seite 41) bereiten, ruhen lassen und danach hauchdünn ausziehen.
Den Backofen auf 200 Grad vorheizen. Ein Backblech einfetten.
Für die Füllung die Äpfel schälen, vierteln, entkernen und in Scheiben schneiden. Die Rosinen im Rum nur kurz erwärmen, beiseitestellen und ziehen lassen. Inzwischen die Semmelbrösel in etwa 3 Esslöffeln Butter goldbraun braten und beiseitestellen. Die Apfelscheiben mit Zimt, Zucker, Walnüssen und der Rosinenmischung vermengen. Die Teigplatte mit den Bröseln bestreuen, dabei einen Rand lassen. Die Apfelmischung darauf verteilen, ebenfalls einen Rand lassen. Die Längsseiten des Teiges einschlagen, vorsichtig zum Strudel aufrollen und auf das Backblech setzen. Restliche Butter zerlassen. Den Strudel mit etwas von der Butter bestreichen. Im vorgeheizten Backofen bei 200 Grad etwa 1 Stunde backen, zwischendurch mit der restlichen Butter bestreichen. Noch warm mit Puderzucker bestäuben und servieren.

Zwetschgenstrudel

Teig: 1 Grundrezept Strudelteig
Füllung: 1,2 kg frische oder 1 kg tiefgefrorene Zwetschgen • 100 g Semmelbrösel • 100 g Zucker • 1 Prise Zimt • 140 g Butter
Außerdem: Fett fürs Backblech • Mehl zum Ausrollen • Puderzucker zum Bestäuben

Den Teig nach dem Grundrezept (Seite 41) bereiten, ruhen lassen und danach hauchdünn ausziehen. Den Backofen auf 200 Grad vorheizen. Ein Backblech einfetten.
Die Teigplatte in 4 bis 6 gleich große Stücke teilen. Mit einem Teil der Semmelbrösel bestreuen.
Für die Füllung die frischen oder tiefgefrorenen Zwetschgen mit den restlichen Semmelbröseln, dem Zucker und Zimt mischen, frische Zwetschgen vorher putzen, waschen und entsteinen. Die Fruchtmasse auf die Strudelblätter verteilen, dabei rundherum einen 3 cm breiten Rand lassen. Die Butter zerlassen. Die Teigränder mit etwas von der Butter bestreichen. Aufrollen, auf das Backblech setzen und die Teigenden einschlagen. Die Strudel mit zerlassener Butter bestreichen. Im vorgeheizten Backofen bei 200 Grad je nach Größe etwa 30 bis 40 Minuten backen, zwischendurch mit der restlichen Butter bestreichen. Noch heiß mit Puderzucker bestäuben und servieren.

Torten

Heidetorte • Mandeltorte mit Preiselbeeren • Joghurt-Früchtetorte • Pflaumenmus-Krokanttorte • Pflaumentorte mit Zimtsahne • Waldmühlen-Kirschtorte • Johannisbeer-Schokotorte • Stachelbeer-Baisertorte • Nuss-Schichttorte • Mokkatorte • Hagebuttentorte • Rahmtorte mit Schwarzkirschen • Quarksahnetorte • Wellentorte mit Zimtsahne • Brottorte • Limonen-Cremetorte • Orangentorte • Linnewedeltorte • Amarena-Nusstorte

Heidetorte

Für 1 Springform (Ø 28 cm)
Böden: 4 Eier • 120 g Zucker • 1 Prise Salz • 1 Päckchen Vanillezucker • 60 g Mehl • 50 g Speisestärke • 1 gehäufter EL Kakao
Buttercreme: 125 g weiche Butter • 250 ml Milch • ½ Päckchen Karamellpuddingpulver • 2 EL Zucker
Schmandcreme: 150 g frische oder tiefgefrorene Heidel- oder Waldbeeren • 150 g Zucker • 100 g Schokoraspel • Saft von 1 Zitrone • 450 g Schmand • 7 Blatt Gelatine • 75 ml Likör von schwarzen Johannisbeeren • 375 ml Sahne
Guss: 100 g frische oder tiefgefrorene Waldbeeren • 200 ml Rotwein • 100 g Zucker • 1 Päckchen roter Tortenguss
Zum Garnieren: 150 ml Sahne • Zitronenmelisse • Kakao

Den Backofen auf 175 Grad vorheizen. Die Springform mit Backpapier auslegen.
Für die Böden die Eier trennen. Das Eiweiß mit etwa einem Viertel des Zuckers und dem Salz steif schlagen. Den restlichen Zucker mit dem Vanillezucker und dem Eigelb dickschaumig schlagen. Den Eischnee mit Mehl und Stärke unterheben. Zwei Drittel des Teiges in die Form geben. Im vorgeheizten Backofen bei 175 Grad etwa 12 bis 15 Minuten backen. Für den zweiten Boden den restlichen Teig mit dem Kakao kurz verrühren und abbacken.
Für die Buttercreme etwas Milch mit dem Puddingpulver glatt rühren. Die restliche Milch mit dem Zucker aufkochen. Das Puddingpulvergemisch einrühren, aufkochen und auskühlen lassen. Inzwischen die Butter schaumig rühren. Den Pudding nach und nach unterrühren.
Für die Schmandcreme die Gelatine in kaltem Wasser einweichen. Die frischen Früchte putzen, waschen und abtropfen lassen, tiefgefrorene Früchte auftauen. Anschließend pürieren und mit Zucker, Schokoraspeln, Zitronensaft und Schmand gut verrühren. Die Gelatine leicht ausdrücken und vorsichtig auflösen. Etwas von der Masse in die Gelatine rühren. Dann rasch mit der restlichen Creme verrühren. Mit dem Likör abschmecken. Die Sahne steif schlagen und unterheben.
Den hellen Biskuit mit einem Tortenring umschließen. Mit der Buttercreme bestreichen. Den dunklen Biskuitboden auflegen. Die Schmandcreme darauf streichen und ansteifen lassen.
Für den Guss die frischen Beeren putzen, waschen und abtropfen lassen, tiefgefrorene Früchte auftauen. Die Früchte pürieren, mit dem Wein und dem Zucker aufkochen und mit dem Tortenguss andicken. Sofort auf die Schmandschicht gießen. Kalt stellen.
Zum Garnieren die Sahne schlagen. Die Torte mit Sahne, Zitronenmelisse und Kakao verzieren.

Mandeltorte mit Preiselbeeren

Für 1 Springform (Ø 28 cm)
Boden: 3 Eier • 100 g weiche Butter • 100 g Zucker • 100 g gemahlene Mandeln • 2 EL Mehl • 1 ½ TL Backpulver
Belag: 500 g frische Preiselbeeren oder 600 g Preiselbeerkompott • 150 g Zucker • 1–2 Päckchen Tortenguss • 250 ml Sahne • 2 Päckchen Vanillezucker • 400 g Schmand
Zum Garnieren: Schokoladensplitter
Außerdem: Fett für die Form

Den Backofen auf 170 Grad vorheizen. Die Springform einfetten.
Für den Boden die Eier trennen. Das Eiweiß steif schlagen. Die Butter mit dem Zucker und dem Eigelb dickschaumig rühren. Die Mandeln mit dem Mehl und dem Backpulver unterrühren. Den Eischnee vorsichtig unterheben. Den Teig in die Form geben. Im vorgeheizten Backofen bei 170 Grad etwa 25 bis 30 Minuten backen. Auskühlen lassen. Den Boden mit einem Tortenring umschließen.
Für den Belag die frischen Preiselbeeren putzen und waschen. Mit etwas Wasser und dem Zucker kurz aufkochen. Je nach Menge der Flüssigkeit mit 1 oder 2 Päckchen Tortenguss andicken. Die angedickten Preiselbeeren oder das Preiselbeerkompott aus dem Glas auf den Boden geben. Die Sahne mit dem Vanillezucker steif schlagen, unter den Schmand heben. Die Masse auf den Preiselbeeren verteilen. Kalt stellen.
Zum Garnieren die Torte mit Schokoladensplittern bestreuen.

Joghurt-Früchtetorte

Für 1 Springform (Ø 28 cm)
Boden: 150 g Mehl • 100 g Butter • 50 g Zucker • etwas Abrieb von 1 unbehandelten Zitrone • 1 Prise Salz
Puddingfüllung: 250 ml Milch • ½ Päckchen Sahnepuddingpulver
Joghurtfüllung: 450 g Joghurt • ca. 300 g frische Früchte, z. B. Erdbeeren oder Himbeeren • 8 Blatt Gelatine • 100 g Zucker • 150 g Sahnequark (40 %) • 500 ml Sahne
Außerdem: Mehl zum Ausrollen

Den Backofen auf 200 Grad vorheizen. Die Springform mit Backpapier auslegen.
Für den Boden die Butterwürfel mit den restlichen Zutaten rasch zu einem glatten Teig kneten. Abgedeckt etwa 30 Minuten kalt stellen.
Den Teig auf etwas Mehl dünn ausrollen. In die Form legen. Im vorgeheizten Backofen bei 200 Grad etwa 10 bis 15 Minuten goldgelb backen.
Für die Puddingfüllung die Milch mit dem Puddingpulver zur Creme kochen. Kalt stellen.
Für die Joghurtfüllung die Gelatine in kaltem Wasser einweichen. Die Früchte putzen, waschen und gut abtropfen lassen, Erdbeeren vierteln. Den Joghurt mit Zucker und Quark verrühren. Die Gelatine leicht ausdrücken und vorsichtig erwärmen, bis sie sich auflöst. Mit etwas von der Joghurtmasse verrühren und sofort unter die restliche Masse rühren. Die Sahne steif schlagen. Etwa 4 Esslöffel der Sahne unter die Puddingmasse rühren. Die restliche Sahne unter die Joghurtmasse ziehen. Die vorbereiteten Früchte unterheben. Den Boden mit einem Tortenring umschließen und mit der Puddingmasse bestreichen. Die Joghurtmischung darüber verteilen. Abgedeckt über Nacht kalt stellen.
Tipp: Mit schokoladenüberzogenen Früchten garnieren.

Pflaumenmus-Krokanttorte

Für 1 Springform (Ø 28 cm)
Boden: 40 g Butter • 100 g Mehl • 2–3 Eier
Belag: 300 g Pflaumenmus • 250 ml Sahne
Krokant: 80 g gehobelte Mandeln • 40 g Butter • 50 g Zucker
Außerdem: Fett und Mehl für die Form

Den Backofen auf 190 Grad vorheizen. Die Springform einfetten und bemehlen.
Für den Boden 170 ml Wasser mit der Butter aufkochen. Das Mehl auf einmal hineingeben und unter Rühren zu einem Kloß „abbrennen“. Die Eier einzeln unterrühren, bis der Teig glänzt. In die Form füllen. Im vorgeheizten Backofen bei 190 Grad etwa 30 Minuten backen.
Für den Krokant die Butter in einer Pfanne zerlassen. Den Zucker darin leicht karamellisieren. Die Mandeln dazugeben und bräunen. Herausnehmen, abkühlen lassen und etwas zerkleinern.
Für den Belag die Sahne steif schlagen. Das Pflaumenmus auf dem abgekühlten Boden verteilen. Die Sahne daraufgeben. Mit dem Krokant bestreuen und servieren.

Pflaumentorte mit Zimtsahne

Für 1 Springform (Ø 28 cm)
Boden: 2 Eier • 125 g Zucker • 100 ml Sonnenblumenöl • 100 ml Apfelsaft • 150 g Mehl • 2 gestrichene TL Backpulver • 100 g Kuvertüre
Belag: 750 g frische Pflaumen oder 600 g tiefgefrorene • 2 EL Zucker • 1 Päckchen Tortenguss • 500 ml Sahne • 2 Päckchen Vanillezucker
Außerdem: Fett für die Form • Zimt-Zucker zum Bestreuen

Den Backofen auf 170 Grad vorheizen. Die Springform einfetten.
Für den Boden die Kuvertüre grob reiben. Die Eier, Zucker, Öl, Saft, Mehl und Backpulver zu einem glatten Teig verrühren. Die Kuvertüre in die Form streuen. Den Teig darübergießen. Im vorgeheizten Backofen bei 170 Grad etwa 25 bis 30 Minuten backen. Abkühlen lassen. Den Boden umgekehrt in einen Tortenring legen.
Für den Belag die frischen Pflaumen waschen, abtropfen lassen und entkernen. Anschließend vierteln und mit dem Zucker bestreut Saft ziehen lassen. Die frischen Pflaumen mit dem Saft aufkochen, tiefgefrorene Pflaumen nur mit dem Zucker aufkochen. Abtropfen lassen und den Saft auffangen. Die Pflaumen auf dem Boden verteilen. 250 ml Pflaumensaft mit dem Tortenguss andicken und auf den Pflaumen verteilen. Die Sahne mit dem Vanillezucker steif schlagen. Wellenförmig auf der kalten Füllung verteilen. Mit etwas Zimt-Zucker bestreuen und servieren.

Waldmühlen-Kirschtorte

Für 1 Springform (Ø 28 cm)
Boden: 100 g weiche Butter • 100 g Zucker • 3 Eier • 125 g gemahlene Mandeln • 2 EL Kakao • 1 EL gehackte Mandeln • 2 TL Backpulver • etwas Zimt • ein Schuss Rum
Belag: 2 große Gläser Sauerkirschen • etwas Kirschbrand • 2 Päckchen Tortenguss • 750 ml Sahne
Zum Garnieren: Kakao und Kuvertüre
Außerdem: Fett für die Form

Den Backofen auf 170 Grad vorheizen. Die Springform einfetten.

Für den Boden die Butter mit dem Zucker weißschaumig rühren. Die restlichen Zutaten nach und nach unterrühren. Den Teig in die Form füllen. Im vorgeheizten Backofen bei 170 Grad etwa 20 Minuten backen.

Für den Belag den abgekühlten Boden mit Kirschbrand beträufeln und mit einem Tortenring umschließen.

Die Sauerkirschen abtropfen lassen, den Saft auffangen. Die Kirschen auf dem Boden verteilen. 500 ml Kirschsaft mit dem Tortenguss andicken und auf die Kirschen geben. Erkalten lassen. Den Tortenring entfernen. Die Sahne steif schlagen und wolkenartig auf den Kirschen verteilen.

Zum Garnieren die Torte mit Kakao bestäuben. Etwas Kuvertüre auflösen und auf die Sahne träufeln. Kalt stellen.

Johannisbeer-Schokotorte

Für 1 Springform (Ø 28 cm)
Boden: 5 Eier • 150 g Zucker • 100 g Mehl • 60 g Speisestärke • 40 g Kakao • ½ TL Backpulver
Füllung: 200 g Zartbitter-Kuvertüre • 750 ml Sahne • 1 Päckchen roter Tortenguss
Belag: 600 g frische oder tiefgefrorene Johannisbeeren • 150 g Zucker

Den Backofen auf 160 Grad vorheizen. Die Springform mit Pergamentpapier auslegen.

Für den Boden die Eier mit dem Zucker und 4 Esslöffeln heißem Wasser dickschaumig schlagen. Das Mehl mit Speisestärke, Kakao und Backpulver mischen. Auf die Eiermasse sieben und unterheben. In die Form füllen. Im vorgeheizten Backofen bei 160 Grad etwa 50 Minuten backen. Herausnehmen und abkühlen lassen.

Für den Belag die Johannisbeeren mit dem Zucker bestreuen und Saft ziehen lassen, frische Beeren vorher waschen, abtropfen lassen und von den Rispen zupfen.

Für die Füllung die Kuvertüre zerkleinern und im heißen Wasserbad schmelzen lassen. Leicht abkühlen lassen. Die Sahne steif schlagen. Die noch flüssige Kuvertüre unterrühren. Den Boden waagerecht durchschneiden. Den unteren Boden mit einem Tortenring umschließen. Die Schokosahne einfüllen und mit dem zweiten Boden bedecken, etwas andrücken.

Die Johannisbeeren abtropfen lassen, den Saft auffangen. Die Beeren auf der Torte verteilen. Den Saft mit Fruchtsaft oder Wasser auf 250 ml auffüllen. Mit dem Tortenguss andicken und über den Beeren verteilen. Die Torte mindestens 3 Stunden kalt stellen.

Stachelbeer-Baisertorte

Für 1 Springform (Ø 28 cm)
Boden: 100 g weiche Butter • 275 g Zucker • 1 Päckchen Vanillezucker • 4 Eier • 150 g Mehl • ½ Päckchen Backpulver • 100 g Mandelblätter
Füllung: 2 große Gläser Stachelbeeren • Zucker nach Geschmack • 2 Päckchen Tortenguss • 400 ml Sahne • 2 Päckchen Vanillezucker

Den Backofen auf 175 Grad vorheizen. Die Springform mit Backpapier auslegen.
Für den Boden die Butter mit 125 g Zucker und dem Vanillezucker weißschaumig rühren. Die Eier trennen. Das Eigelb unter die Butter-Zucker-Mischung schlagen. Das Mehl mit dem Backpulver mischen und unterheben. Die Hälfte der Masse in die Form füllen. Das Eiweiß mit dem restlichen Zucker langsam steif schlagen. Die Hälfte auf dem Boden verteilen. Mit der Hälfte der Mandelblätter bestreuen. Im vorgeheizten Backofen bei 175 Grad etwa 30 Minuten backen. Den zweiten Boden ebenso backen. Einen Boden in 12 oder 16 Stücke schneiden.
Für die Füllung die Beeren abgießen, den Saft auffangen. 500 ml Saft mit Zucker abschmecken und mit dem Tortenguss andicken. Die Stachelbeeren unterheben. Abkühlen lassen. Die Sahne mit dem Vanillezucker steif schlagen und auf dem Boden verteilen. Die Stachelbeermasse daraufgeben. Die einzelnen Tortenstücke auflegen und 30 Minuten kalt stellen.

Nuss-Schichttorte

Für 1 Springform (Ø 28 cm)
Boden: 360 g Butter • 400 g Mehl • 340 g Zucker • 360 g gemahlene Nüsse
Füllung: 500 ml Sahne
Glasur: 200 g Puderzucker • 1–2 EL Kakao • 4–5 EL Rum
Außerdem: Fett für die Form • Mehl zum Ausrollen

Den Backofen auf 175 Grad vorheizen. Den Boden einer Springform einfetten.
Für den Boden die Butterwürfel mit den restlichen Zutaten rasch zu einem Teig verkneten. Abgedeckt 30 Minuten kalt stellen. Den Teig in vier Portionen teilen und vier Böden backen. Dafür jeweils eine Portion auf etwas Mehl ausrollen. Auf den Formboden legen und im vorgeheizten Backofen bei 175 Grad etwa 20 Minuten backen. Alle Böden auskühlen lassen.
Für die Füllung die Sahne steif schlagen, etwas zum Verzieren beiseitestellen. Drei Böden mit der Sahne schichten. Den vierten Boden in 12 Stücke schneiden und auflegen.
Für die Glasur den Puderzucker mit Kakao und Rum dickflüssig rühren. Torte damit bestreichen. Etwas durchziehen lassen. Mit der restlichen Sahne verzieren.

Französische Mokkatorte

Für 1 Backblech
Boden: 6 Eier • 175 g Zucker • 1 Päckchen Bourbon-Vanillezucker • 4 EL Espressopulver • 100 g gemahlene Mandeln • 50 g Mandelstifte • 50 g Zwiebackbrösel
Füllung: 200 g Zartbitter-Kuvertüre • 500 ml Sahne • 4 Blatt weiße Gelatine • 3 Eigelb • 2 EL Zucker • 4 EL Espressopulver • 8 EL Kaffeelikör
Überzug: 200 g weiße Kuvertüre • 250 ml Sahne • 2 EL Espressopulver
Zum Garnieren: Mokkabohnen

Am Vortag für den Überzug die weiße Kuvertüre fein hacken. Die Sahne mit dem Espressopulver erhitzen, die Kuvertüre darin auflösen. Über Nacht abkühlen lassen.
Den Backofen auf 200 Grad vorheizen. Ein Backblech mit Pergamentpapier belegen.
Für den Boden die Eier trennen. Das Eigelb mit 100 g Zucker, Vanillezucker und Espressopulver dickschaumig schlagen. Das Eiweiß mit dem restlichen Zucker steif schlagen. Mit den Mandeln und Zwiebackbrösel vorsichtig unterheben. Auf das Backblech geben. Im vorgeheizten Backofen bei 200 Grad etwa 15 Minuten backen.
Für die Füllung die Kuvertüre klein hacken. Etwa 125 ml Sahne erwärmen, vom Herd nehmen und die Kuvertüre unter Rühren darin auflösen. Die Gelatine in kaltem Wasser einweichen. Das Eigelb mit dem Zucker und Espressopulver im heißen Wasserbad dickschaumig aufschlagen. Die ausgedrückte Gelatine darin unter Rühren auflösen. Die warme Schokoladensahne unterrühren. Anschließend kaltrühren. Die restliche Sahne steif schlagen und unter die kalte Kuvertürenmasse heben.
Die Biskuitplatte in vier gleich große Stücke schneiden. Mit Likör beträufeln und abwechselnd mit der Schokosahne aufeinanderschichten. Die Torte mindestens 6 Stunden kalt stellen. Die helle Kuvertürencreme aufschlagen und die Torte damit überziehen. Mit Mokkabohnen garnieren.

Hagebuttentorte mit Rotweinpflaumen

Für 1 Springform (Ø 28 cm)
Rotweinpflaumen: 100 g Trockenpflaumen • 250 ml Rotwein
Boden: 80 g weiche Butter • 80 g brauner Zucker • 2 Eier • 100 g Dinkelmehl Typ 640 • 1 gehäufter TL Backpulver • 50 g gehackte Walnüsse
Belag: 450 g Hägenmark (Hagebuttenmus) • 800 g Schmand • 8 Blatt weiße Gelatine
Zum Garnieren: 50 g Hägenmark • Schokoraspel • einige Walnusskerne

---

Am Vortag die Trockenpflaumen über Nacht in dem Rotwein einweichen.
Den Backofen auf 175 Grad vorheizen. Eine Springform mit Backpapier auslegen.
Für den Boden die Butter mit dem Zucker weißschaumig rühren. Die Eier nach und nach unterschlagen. Das Mehl mit dem Backpulver und den Walnüssen unterheben. Die Pflaumen gut ausdrücken, klein schneiden und etwa ein Drittel unterheben. Den Teig in die Form füllen. Im vorgeheizten Backofen bei 175 Grad etwa 15 Minuten goldbraun backen. Auskühlen lassen.
Für den Belag die Gelatine in kaltem Wasser einweichen. Das Hägenmark mit dem Schmand glatt verrühren. Die Gelatine leicht ausdrücken und vorsichtig erwärmen, bis sie sich auflöst. Mit etwas von der Schmandmasse verrühren und anschließend alles unter die restliche Masse rühren. Den Boden mit einem Tortenring umschließen. Die Hälfte der Schmandmasse auf dem Tortenboden verteilen. Mit einem weiteren Drittel der Pflaumen belegen. Die restliche Masse darüberstreichen. Über Nacht kalt stellen.
Zum Garnieren die Torte mit den restlichen Pflaumen, Hägenmark, Schokoraspeln und Walnusskernen verzieren.

Rahmtorte mit Schwarzkirschen

Für 1 Springform (Ø 26 cm)
Boden: 375 g Kekse, z. B. Schoko-Nusskekse oder Amarettini • 150 g weiche Butter
Belag: 300 ml Sahne • 375 g Crème fraîche • 2 Päckchen Bourbon-Vanillezucker • 6 Blatt weiße Gelatine • ca. 150 g Schwarz- oder Sauerkirschkonfitüre mit ganzen Früchten

Eine Springform mit Backpapier auslegen. **Für den Boden** die Kekse fein krümeln und mit der Butter verkneten. Die Krümelmasse in die Form drücken und einen etwa 2 cm hohen Rand formen. Kalt stellen.

Für den Belag inzwischen die Gelatine in kaltem Wasser einweichen. Die Sahne mit dem Vanillezucker steif schlagen. Die Gelatine leicht ausdrücken und vorsichtig erwärmen, bis sie sich auflöst. Mit etwas von der Sahne glatt verrühren. Anschließend mit der restlichen Sahne verrühren. Die Crème fraîche glatt rühren, die Sahne unterheben. Die Masse auf dem Boden verteilen. Die Konfitüre erhitzen. Leicht abgekühlt mit einem Esslöffel spiralförmig auf der Sahnemasse verteilen. Die Torte mindestens 2 Stunden kalt stellen.

Quarksahnetorte mit Kirschen

Für 1 Springform (Ø 28 cm)
Boden: 200 g Mehl • 125 g Butter • 100 g Zucker • 1 Päckchen Vanillezucker • 1 Ei • 1 Prise Salz • 75 g gemahlene Haselnüsse • 1 gestrichener TL Backpulver
Füllung: 750 g Magerquark • 900 g frische Sauerkirschen oder 750 g tiefgefrorene • 9 Blatt weiße Gelatine • 125 g Zucker • 1 Päckchen Vanillezucker • 3 EL Zitronensaft • 300 g Vollmilch-Joghurt • 250 ml Sahne
Zum Garnieren: 200 ml Sahne • Schokoraspel
Außerdem: Butter für die Form • Mehl zum Ausrollen

Den Backofen auf 200 Grad vorheizen. Die Springform einfetten.
Für den Boden die gewürfelte Butter mit den anderen Zutaten rasch zu einem glatten Teig verkneten. Auf etwas Mehl ausrollen und in die Form geben. Im vorgeheizten Backofen bei 200 Grad etwa 15 Minuten goldgelb backen. Auskühlen lassen.
Für die Füllung die Gelatine in kaltem Wasser einweichen. Den Boden mit einem Tortenring umschließen. Den Quark mit dem Zucker, Vanillezucker, Zitronensaft und Joghurt verrühren. Die Gelatine leicht ausdrücken und vorsichtig erwärmen, bis sie sich auflöst. Etwas von der Quarkmasse damit verrühren. Dann rasch unter die restliche Quarkmasse rühren. Die Sahne steif schlagen und unter die gelierende Masse heben. Die Hälfte der Quarkmasse auf den Boden geben. Die frischen oder tiefgefrorenen Kirschen, bis auf einige zum Garnieren, darauf verteilen. Mit der restlichen Quarkmasse bedecken.
Zum Garnieren die Sahne schlagen. Die Torte mit Sahne, Schokoraspeln und den restlichen Kirschen verzieren. Mindestens 4 Stunden kalt stellen.

Wellentorte mit Zimtsahne

Für 1 Springform (Ø 28 cm)
Böden: 6 Eigelb • 100 g Zucker • Mark von ½ Vanilleschote • etwas Abrieb von 1 unbehandelten Zitrone • 150 g Mehl • ½ Päckchen Backpulver • 4 EL Milch
Baiser: 6 Eiweiß • 220 g Zucker • 2 Prisen Salz • 4 EL Mandelblätter oder -stifte
Füllung: 400 ml Sahne • 2 TL Zimt • 50 g Zucker
Außerdem: Fett für die Form

Den Backofen auf 175 Grad vorheizen. Den Boden einer Springform einfetten.
Für die Böden das Eigelb mit dem Zucker, dem Vanillemark und dem Zitronenabrieb zu einer cremigen Masse aufschlagen. Das Mehl mit dem Backpulver mischen und mit der Milch zügig unterrühren. Die Hälfte der Masse in die Form streichen. Die andere Hälfte beiseitestellen.
Für das Baiser das Eiweiß mit dem Zucker und Salz steif schlagen. Die Hälfte der Masse auf dem Teig in der Form wolkig verteilen. Mit der Hälfte der Mandeln bestreuen. Restliche Eiweißmasse kalt stellen.
Den Boden im vorgeheizten Backofen bei 175 Grad etwa 25 bis 30 Minuten hellbraun backen. Herausnehmen, aus der Form lösen und abkühlen lassen. Die Form erneut einfetten. Den zweiten Boden genauso backen.
Für die Füllung die Sahne mit Zimt und Zucker steif schlagen. Die Torte damit füllen und am gleichen Tag servieren.

Jütländer Brottorte

Für 1 Springform (Ø 28 cm)
Teig: 100 g dunkles Roggenbrot, z. B. Schwarzbrot oder Pumpernickel • 6 Eier • 250 g Zucker • 100 g gehackte Haselnüsse • 3 TL Kakao • 1 TL Backpulver
Füllung: 500 g frische oder tiefgefrorene Johannisbeeren • 100 g Zucker • 2–3 EL Speisestärke • 500 ml Sahne
Außerdem: Fett für die Form

Den Backofen auf 175 Grad vorheizen. Die Springform einfetten.
Für die Füllung die frischen oder tiefgefrorenen Johannisbeeren mit dem Zucker bestreuen und Saft ziehen lassen, frische Beeren vorher waschen, abtropfen lassen und von den Rispen zupfen.
Für den Teig das Roggenbrot mit den Fingern zerreiben. Die Eier trennen. Das Eiweiß langsam halb steif schlagen. Den Zucker einrieseln lassen und das Eiweiß ganz steif schlagen. Das Eigelb unterheben. Die Brotbrösel und Nüsse, bis auf einen Rest zum Garnieren, mit dem Kakao und Backpulver mischen und vorsichtig unter die Masse heben. Die Hälfte der Masse in die Form geben. Im vorgeheizten Backofen bei 175 Grad etwa 15 Minuten backen. Den zweiten Boden genauso backen. Beide Böden auskühlen lassen.
Die Johannisbeeren in ein Sieb geben, dabei den Saft auffangen. Den Saft zum Kochen bringen und mit der Speisestärke binden. Die Johannisbeeren, bis auf einige zum Garnieren, unterheben. Alles einmal kurz aufkochen, anschließend erkalten lassen. Die Sahne steif schlagen. Die Tortenböden mit der Fruchtmasse und der Sahne aufeinanderschichten. Mit Sahne abschließen. Die Torte mit den restlichen Brotbröseln, Nüssen und Johannisbeeren garnieren.

Limonen-Cremetorte

Für 1 Springform (Ø 22 cm)
Böden: 6 Eier • 225 g Zucker • 1 Päckchen Bourbon-Vanillezucker • Abrieb von 1 unbehandelten Limone • 250 g weiche Butter • 200 g Mehl • 50 g Speisestärke • ½ TL Backpulver
Füllung: 3 Eigelb • 75 g Zucker • 1 TL Abrieb von 1 unbehandelten Limone • 75 ml Limonensaft • 100–125 g Butter • 400 g Frischkäse
Zum Garnieren: Zitruszesten oder Zitrusrosen

Den Backofen auf 175 Grad vorheizen. Eine Springform mit Backpapier auslegen.
Für die Böden die Eier trennen. Das Eiweiß mit 150g Zucker steif schlagen. Den restlichen Zucker mit Eigelb, Vanillezucker und Limonenabrieb cremig schlagen. Die Butter schaumig rühren, dann die Eigelbmasse unterrühren. Den Eischnee daraufgeben. Das Mehl mit Stärke und Backpulver locker unterheben. Aus der Masse 6 Böden backen. Dafür jeweils etwa 3 Esslöffel des Teiges in die Form füllen. Nacheinander im vorgeheizten Backofen bei 175 Grad etwa 15 Minuten backen.
Für die Füllung das Eigelb mit dem Zucker, Limonenabrieb und -saft im heißen Wasserbad dickschaumig schlagen. Vom Herd nehmen, die Butterstückchen unterschlagen. Abgedeckt 1 Stunde abkühlen lassen. Den Frischkäse glatt rühren und mit der Zitrusmasse verrühren. Die Böden damit zusammensetzen, einen Klecks Creme obenauf setzen. Die Torte in Alufolie dicht verpacken oder mit Zuckerguss überziehen und mindestens 3 bis 5 Tage durchziehen lassen. Mit Zitruszesten oder -rosen garniert servieren.
Tipp: Für die Zitrusrosen unbehandelte Zitronen wie einen Apfel an einem Stück dünn schälen. 200 ml Wasser mit 300 g Zucker aufkochen. Die Schale 5 Minuten darin köcheln lassen. Herausnehmen, zur Rose aufdrehen und dick mit Zucker bestreut über Nacht trocknen lassen. Luftdicht verpackt halten sich die Zitrusrosen einige Wochen.

Portugiesische Orangentorte

Für 1 Springform (Ø 28 cm)
Boden: 4 große Eier • 180 g Zucker • 1 Prise Salz • 100 g Mehl • 50 g Speisestärke • 1 Messerspitze Backpulver
Füllung: 4 unbehandelte Orangen • 450 g Orangenmarmelade • 6 Blatt weiße Gelatine • 4 Eigelb • 100 g Zucker • 375 ml Sahne
Zum Garnieren: 150 g Orangenmarmelade • 2 EL Orangensaft • kandierte Orangenscheiben

Den Backofen auf 200 Grad vorheizen. Eine Springform mit Backpapier auslegen.
Für den Boden die Eier trennen. Das Eigelb mit 2 Esslöffeln heißem Wasser, zwei Dritteln des Zuckers und dem Salz dickschaumig schlagen. Das Eiweiß mit dem restlichen Zucker zu Schnee schlagen. Auf die Eischaummasse geben. Das Mehl mit Speisestärke und Backpulver darübergeben. Vorsichtig unterheben. Den Teig in die Springform füllen. Im vorgeheizten Backofen bei 200 Grad etwa 25 Minuten backen.
Für die Füllung die Gelatine in kaltem Wasser einweichen. Von einer abgewaschenen Orange Zesten abziehen. Alle Orangen auspressen und 250 ml Saft abmessen. Mit Eigelb, Zucker und Orangenschale im heißen Wasserbad dickschaumig aufschlagen. Die ausgedrückte Gelatine darin unter Rühren auflösen. Die Masse erkalten lassen. Sobald sie zu stocken beginnt, die Sahne steif schlagen und unterheben.
Den Biskuitboden zweimal waagerecht durchschneiden. Den unteren Boden mit einem Tortenring umschließen. Mit der Hälfte der Orangenmarmelade bestreichen. Anschließend die Hälfte der Orangencreme darauf glatt verteilen. Den zweiten Boden aufsetzen. Mit der restlichen Marmelade bestreichen und die restliche Orangencreme darauf verteilen. Mit dem letzten Teigboden bedecken. Die Torte für etwa 6 Stunden kalt stellen.
Zum Garnieren die Orangenmarmelade mit dem Orangensaft pürieren. Aufkochen und 2 Minuten durchkochen. Die Torte damit bestreichen und mit kandierten Orangenscheiben verzieren.

Kandierte Orangenscheiben: Aus einem Teil Zucker und einem Teil Wasser einen Sirup kochen. Eine unbehandelte Orange gut abwaschen und in sehr dünne Scheiben schneiden. Jede abgetropfte Scheibe in den Sirup tauchen, abtropfen lassen und nebeneinander auf ein mit Backpapier belegtes Backblech legen. Die Orangenscheiben bei 80 Grad im Backofen trocknen lassen. Zwischendurch einmal vorsichtig vom Papier lösen und umdrehen. Abkühlen lassen und in einer verschlossenen Dose oder in Zucker lagern.

Linnewedeltorte

Für 1 Springform (Ø 28 cm)
Boden: 5 Eier • 80 g weiche Butter • 100 g Zucker • 200 g gemahlene Mandeln • 100 g Schokolade • 1 TL Backpulver • 2 EL Rum
Belag: 500 g frische oder tiefgefrorene Blaubeeren • 100 ml Fruchtsaft • Saft von ½ Zitrone • 150 g Zucker • 2 Päckchen Tortenguss • 750 ml Sahne • 200 ml Eierlikör
Außerdem: Fett für die Form

Den Backofen auf 165 Grad vorheizen. Eine Springform einfetten.
Für den Boden die Schokolade reiben. Die Eier trennen. Die Butter mit dem Eigelb und dem Zucker dickschaumig schlagen. Das Eiweiß steif schlagen. Mandeln, Schokolade, Backpulver und Rum mit dem Eischnee unterheben. Im vorgeheizten Backofen bei 165 Grad etwa 30 Minuten backen. Auskühlen lassen.
Für den Belag die frischen Blaubeeren verlesen, waschen und abtropfen lassen. Die frischen oder tiefgefrorenen Beeren, bis auf einige zum Garnieren, mit dem Saft, Zitronensaft und dem Zucker aufkochen. Mit dem Tortenguss andicken. Den Boden mit einem Tortenring umschließen. Die Masse auf den Boden geben. Die Sahne steif schlagen, etwas zum Garnieren beiseitestellen. Die Sahne auf die abgekühlten Früchte streichen. Die Torte mit Eierlikör beträufeln. Mit Sahnetupfern und den restlichen Beeren garnieren.

Amarena-Nusstorte

Für 1 Springform (Ø 22 cm)
Boden: 100 g gemahlene Haselnüsse • 75 g Zartbitterschokolade • 40 g Butter • 5 Eier • 100 g Zucker • 50 g Mehl • 1 Messerspitze Backpulver
Füllung: 1 Glas Amarenakirschen (ca. 130 g) • 5 Blatt weiße Gelatine • 150 ml Milch • 50 g Kakao • 120 g Zucker • 500 g Sahnequark • 250 g Mascarpone • 250 ml Sahne
Zum Garnieren: ca. 75 g geblätterte Haselnüsse

Den Backofen auf 180 Grad vorheizen. Eine Springform mit Pergamentpapier auslegen.
Für den Boden die Nüsse in einer Pfanne ohne Fett rösten. Die Schokolade klein hacken. Die Butter zerlassen. Die Eier trennen. Das Eigelb mit 2 Esslöffeln heißem Wasser und 50 g Zucker dickschaumig schlagen. Das Eiweiß mit dem restlichen Zucker steif schlagen und auf die Eigelbcreme geben. Das Mehl mit Backpulver vermischen, mit Nüssen und Schokolade darunterheben. Die abgekühlte Butter unterziehen. Den Teig in die Springform füllen. Im vorgeheizten Backofen bei 175 Grad etwa 30 Minuten backen. Auskühlen lassen. Den Boden zweimal waagerecht durchschneiden.
Für die Füllung die Kirschen abtropfen lassen, den Saft auffangen. Einige Kirschen zum Garnieren beiseitestellen. Die Gelatine in kaltem Wasser einweichen. Milch, Kakao und Zucker unter Rühren erhitzen, bis der Zucker sich aufgelöst hat. Ausgedrückte Gelatine darin unter Rühren auflösen. Die Masse etwas abkühlen lassen. Den Quark mit Mascarpone, 5 Esslöffeln Kirschsaft und der Kakaomilch verrühren. Die Sahne steif schlagen. Etwas zum Garnieren beiseitestellen, den Rest unterheben. Die Torte mit zwei Dritteln der Creme füllen, einige Kirschen hineindrücken. Mit der restlichen Creme bestreichen.
Zum Garnieren den Rand der Torte mit Haselnussblättchen bestreuen. Die Torte mit etwas Kakao, Sahne und restlichen Kirschen verzieren. Kalt stellen.

Blech & Form

Hünnefelder Saisonkuchen • Süßer Spinatkuchen • Omas Butterkuchen • Mohntorte • Schokotorte • Fliederschnitten • Zitronen-Kräuterkuchen • Käsekuchen • Zimt-Tarteletts mit Orangenkompott • Zitronentörtchen • Hagebutten-Streuselkuchen • Preiselbeerkuchen • Marmorkuchen • Französischer Früchtekuchen • Napfkuchen „Süße Winterfreude“ • Engadiner Nusstorte • Schokoladen-Maronenkuchen • Schokoladentorte mit Kirschen • Schoko-Walnusstarte • Feiner Schokoladenkuchen

Hünnefelder Saisonkuchen

Für 1 Springform (Ø 28–30 cm)
Boden: 2 große Eier • 200 g Zucker • 125 g Butter • 150 ml Milch • 220 g Mehl • 2 TL Backpulver
Füllung: ca. 750 g frische Kirschen oder 600 g tiefgefrorene • ca. 75–100 g Mandelblättchen
Außerdem: Fett für die Form • Puderzucker zum Bestäuben

Den Backofen auf 175 Grad vorheizen. Eine Springform einfetten.
Für den Boden die Butter zerlassen. Die Eier und den Zucker dickschaumig rühren. Die Butter und die Milch dazugeben und unterrühren. Das Mehl und das Backpulver vermischen und zufügen. Alles kurz zu einem cremigen Teig verrühren. Den Teig in die Form geben.
Für die Füllung die frischen Kirschen verlesen, waschen, abtropfen lassen und entkernen. Die frischen oder tiefgefrorenen Kirschen und die Mandelblättchen auf dem Teig verteilen. Im vorgeheizten Backofen bei 175 Grad etwa 30 bis 35 Minuten backen. Auskühlen lassen.
Zum Servieren den Kuchen mit Puderzucker bestäuben.
Tipp: Der Kuchen schmeckt auch mit Äpfeln, Birnen, Pflaumen, Mirabellen oder Pfirsichen lecker.

Süßer Spinatkuchen

Für 1 Backblech
Boden: 400 g frischer oder tiefgefrorener Spinat • 300 ml Olivenöl • 300 g Zucker • 3 Eier • 500 g Mehl • ½ Päckchen Backpulver
Belag: 600 g Schmand • 4 EL Zucker • 1 Päckchen Vanillezucker • Saft von ½ Limette • 400 ml Sahne
Außerdem: Fett fürs Backblech

Den Backofen auf 180 Grad vorheizen. Das Backblech einfetten.
Für den Boden den frischen Spinat waschen, putzen und tropfnass im Topf zusammenfallen lassen. Anschließend abtropfen lassen und kräftig ausdrücken. Den tiefgefrorenen Spinat auftauen lassen und ausdrücken. Den Spinat pürieren und mit Olivenöl, Zucker und Eiern vermengen. Das Mehl mit dem Backpulver mischen und unter die Masse rühren. Auf dem Backblech verteilen. Im vorgeheizten Backofen bei 180 Grad etwa 30 Minuten backen. Den Kuchen erkalten lassen.
Für den Belag den Schmand mit dem Zucker, Vanillezucker und Limettensaft verrühren. Die Sahne steif schlagen und unterheben. Die Masse auf den Boden geben, etwa 2 Stunden kalt stellen.

Omas Butterkuchen

Für 1 Backblech
Boden: 400 g Mehl • 75 g Zucker • 75 g weiche Butter • 1 Ei • 1 Eigelb • Salz • 1 Würfel frische Hefe • ca. 150 ml lauwarme Milch
Belag: 100 g Butter • 100 g Mandelblättchen • 100 g Zucker • ¼ TL Zimt
Außerdem: Fett fürs Backblech • Mehl zum Ausrollen

Für den Boden das Mehl mit Zucker, Butter, Ei, Eigelb und Salz in eine Schüssel geben. Die Hefe in die Milch bröckeln, auflösen und zur Mehlmischung geben. Alles zu einem glatten Teig verkneten. Der Teig soll sich gut vom Schüsselrand lösen. Mit etwas Mehl bestäuben und zugedeckt etwa 30 Minuten gehen lassen, bis sich das Volumen verdoppelt hat. Ein Backblech einfetten.
Den Teig auf etwas Mehl ausrollen. Das Backblech damit auslegen. Mit einem Tuch bedecken und nochmals 20 Minuten gehen lassen. Den Backofen auf 225 Grad vorheizen.
Für den Belag die Butter in kleine Stückchen schneiden. Mit zwei Fingern kleine Vertiefungen in den aufgegangenen Teig drücken. Die Butterstückchen in die Mulden setzen. Die Mandelblättchen auf dem Teig verteilen. Den Zucker mit dem Zimt vermischen und gleichmäßig über die Mandeln streuen. Im vorgeheizten Backofen bei 225 Grad 5 Minuten vorbacken. Die Hitze auf 200 Grad reduzieren und weitere 12 bis 15 Minuten backen.
Der Kuchen sollte oben knusprig braun, innen aber nicht trocken sein.

Mohntorte

Für 1 Springform (Ø 28 cm)
Boden: 125 g weiche Butter • 100 g Zucker • 200 g Mehl • 1 Päckchen Backpulver • 1 Päckchen Vanillezucker • 1 Ei • 1 EL Milch
Füllung: 500 g gemahlener Backmohn • 4–5 EL Zucker • 500 ml Milch • 1 Päckchen Vanillepuddingpulver • 400 g Schmand • 3 Eier • 100 g Puderzucker
Belag: 200 ml Sahne • ca. 50 g gehackte Pistazien
Außerdem: Fett für die Form

Den Backofen auf 175 Grad vorheizen. Eine Springform einfetten.
Für den Boden alle Zutaten in eine Schüssel geben und gut verrühren. In die Springform füllen.
Für die Füllung die Milch mit dem Zucker und dem Puddingpulver zur Creme kochen, bei Verwendung von Fertigbackmohn auf die Zugabe von Zucker verzichten. Den Mohn mit 200 g Schmand verrühren und unter den heißen Pudding rühren. Die Masse gleichmäßig auf dem Teigboden verteilen. Im vorgeheizten Backofen bei 175 Grad etwa 40 Minuten backen.
Inzwischen die Eier trennen. Das Eiweiß steif schlagen. Das Eigelb mit dem Puderzucker schaumig schlagen. Den restlichen Schmand unterrühren. Das Eiweiß unterheben. Auf dem Kuchen verteilen und etwa 10 Minuten weiterbacken, bis der Kuchen goldgelb ist. Auskühlen lassen.
Für den Belag die Sahne steif schlagen und auf dem Kuchen verteilen. Mit gehackten Pistazien bestreuen.

Schokotorte vom Blech

Für 1 tiefes Backblech
Boden: 600 g Zartbitterkuvertüre • 500 g Butter • 360 g Zucker • 2 Päckchen Bourbon-Vanillezucker • 1 TL Zimt • Salz • 10 Eier • 4 EL Mehl
Belag: 500 g Mascarpone • 700 g Magerquark • 200 g Zucker • Saft von 3 Limetten • ca. 500 g frische Johannisbeeren • gehackte Pistazien

Den Backofen auf 190 Grad vorheizen. Ein tiefes Backblech mit Backpapier auslegen.

Für den Boden die Kuvertüre klein hacken. Mit der Butter im heißen Wasserbad schmelzen, dann etwas abkühlen lassen. Anschließend mit dem Zucker, Vanillezucker, Zimt und 1 Prise Salz verrühren. Die Eier einzeln zugeben. Zum Schluss das Mehl unterrühren. Die Masse auf das Backblech geben und gleichmäßig verstreichen. Im vorgeheizten Backofen bei 190 Grad etwa 35 Minuten backen. Nach dem Backen sollte der Teig in der Mitte noch leicht feucht sein (Stäbchenprobe). Kuchen herausnehmen und auskühlen lassen.

Für den Belag den Mascarpone mit dem Quark, Zucker und Limettensaft verrühren. Mit einem Spritzbeutel auf den erkalteten Boden geben. Die Johannisbeeren waschen, eventuell von den Rispen zupfen. Auf der Creme anrichten und mit Pistazien bestreuen.

Tipp: Die Torte vom Blech schmeckt auch mit Himbeeren, Erdbeeren oder Blaubeeren lecker. Für eine Springform alle Zutaten halbieren.

Beschwipste Fliederschnitten

Für ½ tiefes Backblech

Boden: 4 Eier • 1 Prise Salz • 150 g weiche Butter • 250 g Puderzucker • 5 EL Mandellikör • 300 g Mehl • 1 TL Backpulver

Belag: 250 g Mascarpone • 6 EL Mandellikör • gezuckerte Fliederblüten • gehackte Pistazien

Den Backofen auf 180 Grad vorheizen. Ein Backblech mit Backpapier auslegen.

Für den Boden die Eier trennen. Das Eiweiß mit dem Salz zu steifem Schnee schlagen. Die Butter mit dem Puderzucker sehr schaumig schlagen. Nacheinander das Eigelb und den Likör unterschlagen. Das Mehl mit dem Backpulver mischen und kurz unterrühren. Dann den Eischnee locker unterziehen. Den Teig auf das halbe Backblech geben und glatt streichen. Im vorgeheizten Backofen bei 180 Grad etwa 20 Minuten goldgelb backen.

Für den Belag den Mascarpone mit 4 Esslöffeln Likör glatt rühren. Die Oberfläche des noch warmen Kuchens mit einem Holzstäbchen unregelmäßig einstechen. Mit restlichem Mandellikör beträufeln. Den Kuchen mit der Mascarponemasse bestreichen. Fest werden lassen, dann den Kuchen in kleine Quadrate (ca. 5 x 5 cm) schneiden.

Die Kuchenstückchen mit Fliederblüten und Pistazien verzieren.

Zitronen-Kräuterkuchen

Für 1 Kastenform
Teig: 250 g Butter • 200 g Zucker • 1–2 EL fein gehackte zitronige Kräuter, z. B. Zitronenthymian, Verbene oder Melisse • 4 Eier • 300 g Mehl • 2 TL Backpulver
Glasur: Saft von 2 Zitronen • ca. 150 g Puderzucker
Außerdem: Fett für die Form

Den Backofen auf 180 Grad vorheizen. Eine Kastenform einfetten.

Für den Teig die Butter zerlassen und abkühlen lassen. Mit dem Zucker und den Kräutern weißschaumig schlagen. Nach und nach die Eier unterrühren, danach das mit Backpulver vermischte Mehl. Den Teig in die Form geben. Im vorgeheizten Backofen bei 180 Grad etwa 50 Minuten backen. Den Kuchen kurz abkühlen lassen, dann stürzen.

Für die Glasur den Puderzucker mit etwas Zitronensaft dickflüssig rühren. Mit einem Holzstäbchen Löcher in den Kuchen stechen. Restlichen Zitronensaft darüberträufeln. Den Kuchen mit dem Guss überziehen.

Käsekuchen

Für 1 Springform (Ø 28 cm)
Boden: 200 g Mehl • 125 g Butter • Abrieb von 1 unbehandelten Zitrone • 50 g Zucker • 1 Prise Salz • 1 Eigelb
Belag: 600 g Magerquark • 275 g saure Sahne • 4 Eier • Abrieb von 1 unbehandelten Zitrone • 2 TL Bourbon-Vanillezucker • 50 g Rosinen • 75 g Zucker
Außerdem: Butter für die Form • Mehl zum Ausrollen • Puderzucker zum Bestäuben

Für den Boden die Butterstückchen mit den restlichen Zutaten rasch verkneten, eventuell einige Tropfen kaltes Wasser zugeben. Abgedeckt 30 Minuten kalt stellen. Den Backofen auf 180 Grad vorheizen. Eine Springform einfetten.

Für den Belag die Eier trennen. Den Quark mit saurer Sahne, Eigelb, Zitronenabrieb, Vanillezucker, Rosinen und gut zwei Drittel des Zuckers glatt rühren. Das Eiweiß steif schlagen, den restlichen Zucker unterschlagen. Vorsichtig unter die Quarkmischung ziehen.

Den Teig auf etwas Mehl ausrollen. Die Springform damit auslegen. Im vorgeheizten Backofen bei 180 Grad etwa 10 Minuten vorbacken. Die Quarkmischung auf dem Boden verteilen. Den Kuchen im vorgeheizten Backofen bei 180 Grad etwa 40 bis 50 Minuten goldbraun backen. Abkühlen lassen. Mit Puderzucker bestäuben und servieren.

Zimt-Tarteletts mit Orangenkompott

Für 6 kleine Formen oder
1 große Tarte- oder Springform (Ø 28 cm)
Boden: 200 g Mehl • 100 g Butter • 1 Eigelb • 60 g Puderzucker
Füllung: 100 g weiße Schokolade • 250 ml Sahne • ½ EL Zucker • 2–3 Zimtstangen • Mark und Schale von ¼ Vanilleschote • 4 Eigelb • etwas brauner Zucker
Kompott: 3 Blutorangen • 1 EL Zucker • 75 ml Weißwein • 100 ml Orangensaft • 2 EL helle Marmelade
Außerdem: Fett für die Form • Mehl zum Ausrollen

Für den Boden aus Mehl, Butterstückchen, Eigelb und Puderzucker rasch einen Teig kneten. Abgedeckt 30 Minuten kalt stellen.

Den Backofen auf 200 Grad vorheizen. Die Förmchen oder die Form einfetten.

Den Teig auf etwas Mehl dünn ausrollen und in die Förmchen oder die Form legen. Den Boden mehrmals mit einer Gabel einstechen. Kalt stellen.

Für die Füllung die Schokolade hacken. Die Sahne mit Zucker, Zimtstangen und Vanilleschote und -mark aufkochen. Etwas

ziehen lassen, dann die Zimtstangen und die Vanilleschote entfernen. Die heiße Sahne mit dem Eigelb in einer Metallschüssel verrühren. Im heißen Wasserbad so lange rühren, bis die Mischung sämig ist. Die gehackte Schokolade unterrühren.

Die Böden im vorgeheizten Backofen bei 200 Grad etwa 8 Minuten backen. Den Backofen auf 150 Grad zurückschalten. Die Ei-Sahne-Masse in die Formen füllen, dabei diese möglichst im Backofen stehen lassen. Die Masse im Backofen bei 150 Grad etwa 30 Minuten stocken lassen.

Die abgekühlten Kuchen vor dem Servieren nur mit braunem Zucker bestreuen oder wie eine Crème brûlée karamellisieren.

Für das Kompott die Orangen schälen, dabei die weiße Haut entfernen. Mit einem scharfen Messer die Filets zwischen den Häutchen herausschneiden. Den Saft aus dem Strunk drücken und auffangen. Den Zucker in einem Topf karamellisieren. Mit Weißwein und Orangensaft ablöschen. Aufkochen und die Marmelade einrühren. Den heißen Sud mit den Orangenfilets mischen. Abgekühlt zu den Tarteletts servieren.

Zitronentörtchen

Für etwa 12 Törtchen

Boden: 125 g Mehl • 75 g Butter • 2 ½ EL Zucker • ½ Päckchen Bourbon-Vanillezucker • 1 Eigelb • 1 Prise Salz • etwas Abrieb von 1 unbehandelten Zitrone

Füllung: Saft und Abrieb von 1 unbehandelten Zitrone • 2 Eier • 2 EL Zucker • 75 g Butter • 50 g gemahlene Mandeln

Außerdem: Butter für die Förmchen • Mehl zum Ausrollen • Puderzucker zum Bestäuben • Veilchenblüten oder Zitronenmelisse

Für den Boden das Mehl mit Butterwürfeln, Zucker, Vanillezucker, Eigelb, Salz und Zitronenabrieb rasch zu einem glatten Teig verkneten. Abgedeckt etwa 30 Minuten kalt stellen.

Den Backofen auf 200 Grad vorheizen. Die Backförmchen einfetten.

Den Teig auf etwas Mehl dünn ausrollen, 12 Teigkreise entsprechend der Förmchengröße ausstechen. Die Förmchen damit auskleiden. Mit einer Gabel den Teig mehrfach einstechen.

Für die Füllung die Butter zerlassen. Die Eier mit dem Zucker, Zitronensaft und -abrieb schaumig schlagen. Mit der Butter und den Mandeln verrühren. Die Masse in die Förmchen gießen. Im vorgeheizten Backofen bei 200 Grad etwa 30 Minuten goldbraun backen. Vorsichtig aus den Förmchen lösen und abkühlen lassen. Mit Puderzucker bestäuben. Mit Veilchen oder Zitronenmelisse garnieren und servieren.

Hagebutten-Streuselkuchen

Für 1 Backblech

Boden: 225 g weiche Butter • 4 Eigelb • 1 Prise Salz • 250 g Mehl • 125 g geriebene Mandeln • 125 g Zucker • Abrieb von 1 unbehandelten Zitrone • 200 g Hagebuttenmarmelade

Streusel: 300 g Mehl • 175 g Butter • 175 g Zucker • 1 Prise Salz

Außerdem: Mehl zum Ausrollen • Puderzucker zum Bestäuben

Den Backofen auf 200 Grad vorheizen. Ein Backblech mit Backpapier belegen.

Für den Boden die Butter, das Eigelb und das Salz zügig miteinander verrühren. Das Mehl mit Mandeln, Zucker und Zitronenabrieb zugeben und unterkneten. Den Teig auf etwas Mehl etwa ½ cm dick ausrollen. Auf das Backblech legen und mit einer Gabel gleichmäßig einstechen. Die Teigplatte mit der Hagebuttenmarmelade bestreichen.

Für die Streusel die Butter zerlassen. Zu den anderen Zutaten gießen und mit den Fingern zu Streuseln verarbeiten. Auf dem Boden verteilen. Im vorgeheizten Backofen bei 200 Grad 20 bis 30 Minuten goldbraun backen. Den Kuchen zum Servieren mit Puderzucker bestäuben.

Preiselbeerkuchen

Für 1 Kastenform
Teig: 350 g frische Preiselbeeren oder 1 kleines Glas • 400 g Mehl • 200 g Zucker • 1 Päckchen Backpulver • 2 TL gemahlener Ingwer • 1 TL gemahlene Nelken • 2 Eier • 200 ml Sahne • 100 g weiche Butter
Außerdem: Butter für die Form

Den Backofen auf 180 Grad vorheizen. Eine Kastenform einfetten.
Für den Teig die frischen Preiselbeeren putzen, waschen und abtropfen lassen. Preiselbeeren aus dem Glas abtropfen lassen, den Saft anderweitig verwenden. Die Butter zerlassen. Das Mehl mit Zucker, Backpulver, Ingwer und Nelken in eine Schüssel geben. Die Preiselbeeren leicht andrücken. Mit den Eiern, der Sahne und der Butter zur Mehlmischung geben. Alles kurz verrühren. Den Teig in die Form füllen. Im vorgeheizten Backofen bei 180 Grad etwa 1 Stunde backen.
Tipp: Der Kuchen schmeckt würzig. Nach Belieben Ingwer und Nelken etwas reduzieren.

Marmorkuchen

Für 1 Gugelhupfform (Ø 26 cm)
Teig: 450 g Mehl • 3 TL Backpulver • 450 g Zucker • 450 g weiche Butter • 10 Eier • Abrieb von 1 unbehandelten Zitrone • Salz • 3 EL Rum • 125 ml Sahne • 100 g Mandelblättchen • 100 g Zartbitterkuvertüre • 30 g Kakao
Guss: 400 g Zartbitterkuvertüre
Außerdem: Fett und Paniermehl für die Form

Eine Gugelhupfform einfetten und mit Paniermehl ausstreuen. Den Backofen auf 175 Grad vorheizen.

Für den Teig in einer großen Rührschüssel das Mehl mit dem Backpulver vermischen. Den Zucker, die Butter und die Eier zufügen. Alles mit der Küchenmaschine zu einem glatten Teig verrühren. Den Zitronenabrieb mit 1 Prise Salz, dem Rum und der Sahne zugeben und kurz unterrühren. Den Teig halbieren. Unter die eine Teighälfte die Mandelblättchen rühren. Für die zweite Teighälfte die Kuvertüre klein hacken. Mit dem Kakao unterrühren.

Zuerst den hellen Teig, dann den dunklen Teig in die Form füllen. Für die Marmorierung mit einer Stricknadel oder einem langen Holzstäbchen den Teig rundherum mehrfach einstechen und langsam hochziehen. Im vorgeheizten Backofen bei 175 Grad auf der zweiten Schiene von unten etwa 105 Minuten backen. Eventuell nach 60 Minuten abdecken. Anschließend den Kuchen vorsichtig stürzen und auskühlen lassen.

Für den Guss die Kuvertüre klein hacken und im heißen Wasserbad schmelzen. Den Kuchen damit überziehen.

Tipp: Den Kuchen einige Tage vor dem Verzehr backen, er gewinnt mit der Zeit an Aroma. Im Schokoladenmantel bleibt er mindestens eine Woche lang frisch und saftig.

Französischer Früchtekuchen

Für 1 Springform (Ø 28 cm)
Teig: 100 g Rosinen • 150 g getrocknete Pflaumen • ca. 200 g frische oder tiefgefrorene Sauerkirschen • 150 ml guter Rotwein • 200 g weiche Butter • 150 g Zucker • 1 Päckchen Vanillezucker • 5 Eier • Abrieb von 1 unbehandelten Zitrone • ½ TL Zimt • je 1 Prise Piment und Ingwer • 150 g Zartbitterschokolade • 100 g gehackte Walnüsse • 100 g gehackte Mandeln • 100 g gemahlene Mandeln • 300 g Mehl • 1 Päckchen Backpulver • 4 EL Rum • 75 ml frisch gepresster Orangensaft
Guss: 75 ml guter Rotwein • 75 ml frisch gepresster Orangensaft • Puderzucker
Außerdem: Fett für die Form • Früchte zum Garnieren

Am Vortag die frischen Kirschen verlesen, waschen, abtropfen lassen und entsteinen. Die Pflaumen entsteinen. Die Kirschen, Pflaumen und Rosinen mit Rotwein übergießen und über Nacht ziehen lassen.

Am nächsten Tag den Backofen auf 175 Grad vorheizen. Eine Springform einfetten.

Für den Teig die Schokolade reiben. Die Butter mit dem Zucker und Vanillezucker weißschaumig rühren. Nach und nach die Eier unterrühren. Anschließend den Zitronenabrieb, die Gewürze, Schokolade, Walnüsse und Mandeln unterrühren. Das Mehl mit dem Backpulver mischen. Im Wechsel mit dem Rum und dem Orangensaft kurz unterrühren. Zum Schluss die Rotweinfrüchte unterheben. Den Teig in die Springform füllen. Im vorgeheizten Backofen bei 175 Grad etwa 75 Minuten backen. Auskühlen lassen.

Für den Guss den Kuchen mehrmals mit einem Holzstäbchen einstechen. Den Rotwein mit dem Orangensaft mischen. Den Kuchen damit übergießen. Aus Puderzucker und etwas Wasser eine dickflüssige Glasur anrühren. Den Kuchen damit überziehen. Gut verpackt einige Tage durchziehen lassen.

Tipp: Anstatt mit Zuckerguss den Kuchen mit Orangenmarmelade bestreichen, mit einer dünnen Marzipanplatte umhüllen und anschließend mit Kuvertüre überziehen.

Napfkuchen „Süße Winterfreude"

Für 1 Gugelhupfform
Teig: 250 g weiche Butter • 150 g Zucker • 1 Päckchen Vanillezucker • 1 Prise Salz • 100 g Marzipanrohmasse • 4 Eier • 300 g gemahlene Haselnüsse • 100 g Mehl • 1 Päckchen Backpulver • Abrieb von 1 unbehandelten Zitrone • je 1 Messerspitze gemahlener Zimt, Kardamom und Anis • 100 g Rosinen in Rum • etwas Kaffeesahne
Außerdem: Fett und Mehl für die Form • Puderzucker zum Bestäuben

Den Backofen auf 175 Grad vorheizen. Eine Gugelhupfform einfetten und mit Mehl ausstäuben.
Für den Teig die Marzipanrohmasse klein schneiden. Die Butter mit dem Zucker, Vanillezucker und Salz weißschaumig rühren. Nach und nach die Eier unterrühren. Das Marzipan damit verrühren. Die Haselnüsse mit dem Mehl, dem Backpulver und allen Gewürzen mischen und löffelweise unterrühren. Die Rumrosinen unterheben. Dann so viel Kaffeesahne unterrühren, dass der Teig schwer reißend vom Löffel fällt. Den Teig in die Gugelhupfform geben. Im vorgeheizten Backofen bei 175 Grad etwa 60 bis 75 Minuten backen (Stäbchenprobe). Den Kuchen auskühlen lassen. Aus der Form stürzen und mit Puderzucker bestäuben.

Engadiner Nusstorte

Für 1 Tarte- oder Springform (Ø 28 cm)
Boden: 500 g Mehl • 300 g Butter • 2 Eier • 200 g Zucker • 1 Prise Salz
Füllung: 400 g gehackte Walnüsse • 200 g Zucker • 200 ml Sahne
Außerdem: Fett für die Form • Mehl zum Ausrollen • einige Walnusshälften zum Garnieren

Für den Boden das Mehl mit Butterstückchen, Eiern, Zucker und Salz rasch verkneten. Abgedeckt etwa 1 Stunde kalt stellen. Den Backofen auf 180 Grad vorheizen. Eine Tarte- oder Springform einfetten. Gut die Hälfte des Teiges auf etwas Mehl ausrollen. Die Form damit auslegen und einen kleinen Rand formen.
Für die Füllung den Zucker in einer großen Pfanne unter Rühren karamellisieren. Die Walnüsse zugeben. Vorsichtig mit der

Sahne ablöschen und gut verrühren. Die Füllung auf den Teigboden streichen, dabei zügig arbeiten, da die Masse schnell fest wird.
Die zweite Teighälfte ebenfalls auf etwas Mehl ausrollen. Etwas Teig beiseitelegen. Die Teigplatte als Deckel auf die Füllung legen, die Ränder gut andrücken. Aus den Teigresten Rosetten ausstechen. Die Rosetten und Walnusshälften auf den Deckel setzen. Im vorgeheizten Backofen bei 180 Grad etwa 40 bis 45 Minuten backen. Den Kuchen nach etwa 30 Minuten abdecken, damit er nicht zu stark bräunt. In der Form auskühlen lassen.
Tipp: Nach Belieben 2 Esslöffel Honig unter die Füllung rühren. Die Engadiner Nusstorte ist ein Dauergebäck. Fest in Folie gewickelt und kühl und trocken aufbewahrt ist sie monatelang haltbar.

Schokoladen-Maronenkuchen

Für 1 Springform (Ø 20–24 cm)
Boden: 200 g Zartbitterschokolade • 175 g gekochte Maronen • 6 Eier • 200 g Butter • 200 g Zucker • 1 TL Zimt • ½ TL Zitronenabrieb • 1 TL Backpulver • 125 g Mehl • 50 g fein gehackte Haselnüsse
Belag: 300 ml Sahne • 100 g Zartbitterschokolade • 100 g Vollmilchschokolade • 150 g Maronencreme • 3 EL Kaffeelikör
Außerdem: Kakao zum Bestäuben • gekochte Maronen zum Garnieren

Den Backofen auf 180 Grad vorheizen. Eine Springform mit Backpapier auslegen.
Für den Boden die Maronen fein hacken. Die Eier trennen. Das Eiweiß zu Schnee schlagen. Die Butter mit dem Zucker und dem Eigelb schaumig rühren. Den Zimt und Zitronenabrieb zufügen. Das Backpulver mit dem Mehl vermischen und unterrühren. Die Schokolade reiben. Die Maronen, Nüsse und Schokolade dazugeben und zuletzt den Eischnee unterziehen. Den Teig in die Springform füllen. Im vorgeheizten Backofen bei 180 Grad etwa 60 Minuten backen. Auskühlen lassen und aus der Form lösen.
Für den Belag die Sahne steif schlagen. Die Schokolade im heißen Wasserbad schmelzen lassen. Mit der Maronencreme und dem Kaffeelikör verrühren. Die Sahne unterziehen. Den Kuchen damit bestreichen und eine Stunde kalt stellen. Mit Kakao bestäuben und mit Maronenstückchen garnieren.

Maronencreme
Die Schale von etwa 2 kg Maronen einritzen. In Salzwasser 8 Minuten glasig kochen, danach abgießen und häuten. Im Topf mit etwas Wasser köcheln, bis sie sich zerdrücken lassen. Inzwischen 250 ml Wasser mit 1 ½ kg Zucker aufkochen und abkühlen lassen. Die weichen Maronen pürieren, mit dem Läuterzucker verrühren und aufkochen. Das Mark einer Vanilleschote zugeben und alles 15 Minuten unter ständigem Rühren kochen. Die Masse heiß in Gläser füllen und fest verschließen.

Schokoladentorte mit Kirschen

Für 1 Springform (Ø 28 cm)
Boden: 150 g Mehl • 75 g Butter • 1 EL Zucker • 2 Eigelb • 1 EL Rum
Füllung: 100 g weiche Butter • 70 g Zucker • 3 Eier • 80 g Zartbitterschokolade • 200 g gemahlene Haselnüsse • 60 g Mehl • 1 ½ TL Backpulver • 500 g frische Sauerkirschen oder 1 großes Glas
Glasur: 100 g Zartbitterschokolade • 80 g Butter • 2 Eigelb • 40 g Schokoladenpulver
Außerdem: Fett für die Form • Mehl zum Ausrollen

Für den Boden das Mehl mit den Butterstückchen, dem Zucker, Eigelb und Rum rasch verkneten. Abgedeckt etwa 30 Minuten kalt stellen. Den Backofen auf 200 Grad vorheizen. Eine Springform einfetten. Den Mürbeteig auf etwas Mehl ausrollen. In die Springform legen und mehrmals mit einer Gabel einstechen.
Für die Füllung die Butter mit dem Zucker weißschaumig schlagen. Nacheinander die Eier unterrühren. Die Schokolade raspeln. Mit den Nüssen, dem Mehl und dem Backpulver unterheben. Die Hälfte der Masse auf den ungebackenen Mürbeteigboden streichen. Die frischen Kirschen verlesen, waschen und entsteinen, die Kirschen aus dem Glas abtropfen lassen. Die Früchte auf dem Boden verteilen und den restlichen Teig darübergeben. Im vorgeheizten Backofen bei 200 Grad etwa 45 Minuten backen. Den Kuchen auskühlen lassen.
Für die Glasur die Schokolade zerkleinern und im heißen Wasserbad schmelzen lassen. Die Butter mit dem Eigelb und Schokoladenpulver cremig schlagen. Die Schokolade gut unterrühren. Den Kuchen damit überziehen. Kalt stellen.

Schoko-Walnusstarte

Für 1 Tarte- oder Springform (Ø 28 cm)
Boden: 200 g Mehl • 100 g Butter • 60 g Zucker • 1 Eigelb • 1 EL Crème fraîche • 1 Prise Salz
Füllung: 100 g Zartbitterschokolade • 100 g Butter • 2 Eier • 100 g Zucker • 50 g fein gehackte Walnüsse • 1 EL Mehl
Baiser: 1 Eiweiß • 50 g Puderzucker • 50 g grob gehackte Walnüsse
Außerdem: Fett für die Form • Mehl zum Ausrollen • Puderzucker zum Bestäuben

Für den Boden das Mehl, die Butterstückchen, Zucker, Eigelb, Crème fraîche und Salz rasch verkneten. Den Teig abgedeckt etwa 30 Minuten kalt stellen. Den Backofen auf 190 Grad vorheizen. Eine Tarte- oder Springform einfetten.
Für die Füllung die Schokolade im heißen Wasserbad schmelzen lassen. Die Butter stückchenweise dazugeben und gut verrühren. Die Eier trennen. Das Eigelb mit dem Zucker dickschaumig schlagen und unter die Schokoladen-Butter-Masse geben. Die fein gehackten Walnüsse und das Mehl zugeben. Das Eiweiß steif schlagen und unterheben.
Auf etwas Mehl zwei Drittel des Teiges dünn ausrollen. Die Form damit auslegen. Im vorgeheizten Backofen bei 190 Grad etwa 5 bis 7 Minuten vorbacken. Den Boden aus dem Backofen nehmen. Aus dem restlichen Teig einen Rand formen und etwas hochziehen. Die Füllung auf dem Boden verteilen und glatt streichen. Im vorgeheizten Backofen bei 190 Grad etwa 20 Minuten weiterbacken. Herausnehmen. Den Backofen auf 120 Grad herunterschalten.
Für das Baiser das Eiweiß mit dem Puderzucker steif schlagen. Die Walnüsse unterheben. Die Masse auf dem Kuchen verstreichen. Mit Puderzucker dick bestreuen und bei 120 Grad etwa 10 Minuten fertigbacken.

Feiner Schokoladenkuchen

Für 1 Springform (Ø 24–26 cm)
Teig: 200 g Zartbitterschokolade • 200 g weiche Butter • 200 g Zucker • 1 Päckchen Vanillezucker • 200 g gemahlene Mandeln • 4 Eier • 1 gehäufter EL Mehl • 1 ½ TL Backpulver • 1 Prise Salz
Außerdem: 1 Schablone • Puderzucker zum Bestäuben

Den Backofen auf 160 Grad vorheizen. Eine Springform mit Backpapier auslegen.
Für den Teig die Schokolade zerkleinern. Mit der Butter in eine Schüssel geben, im heißen Wasserbad schmelzen lassen und verrühren. Den Zucker mit dem Vanillezucker und den Mandeln unterrühren. Die Eier einzeln gut mit der Masse verrühren. Zuletzt das Mehl, das Backpulver und 1 Prise Salz unterrühren. Wenn der Teig sehr flüssig ist, noch etwas Mehl unterrühren. Den Teig in die Form füllen. Im vorgeheizten Backofen bei 160 Grad etwa 40 Minuten backen.
Zum Garnieren eine Schablone auf den Kuchen legen und den Ausschnitt mit Puderzucker bestäuben. Die Schablone vorsichtig abnehmen.
Tipp: Der Schokoladenkuchen ist lauwarm sehr lecker. Das Innere ist dann schokoladig weich. Dazu passen Eis und Schlagsahne. Gut verpackt bekommt der Kuchen sein Aroma und bleibt bis zu zwei Wochen frisch.

Brot & Brötchen

Joghurtbrötchen mit Körnern • Partybrötchen mit Sauerkraut • Mini-Partybrötchen • Helle Brötchen • Schokobrötchen • Bauernbrot • Roggenbrot mit Körnern • Walnussbrot • Blitzbrot • Weizenbrot • Ciabatta • Korbbrot mit Fenchel • Rosinen-Rosmarinbrot • Speckgugelhupf • Butterstuten • Aprikosen-Zopfkranz • Kräuterfladen • Käse-Rosmarinfladen • Kressebrötchen • Brotstangen • Buchweizen-Knäckebrot • Zwiebelfladen • Kümmelstangen

Joghurtbrötchen mit Körnern

Für 15 bis 20 Stück
Teig: 450 g Weizenmehl (Typ 1050) • je 70 g Sonnenblumen- und Kürbiskerne • 50 g gemahlene Mandeln • 1 Würfel frische Hefe • 1 Prise Zucker • etwas lauwarme Milch • 2 TL Salz • 200 g Joghurt • 50 g Butter
Außerdem: Fett fürs Backblech • Mehl zum Formen

Für den Teig die zerbröckelte Hefe mit dem Zucker und etwas lauwarmer Milch oder Wasser vermischen. Die Kerne in einer Pfanne ohne Fett rösten, anschließend hacken. Die Butter zerlassen. Sobald sich die Hefe aufgelöst hat, mit den restlichen Zutaten, der Butter und zwei Dritteln der Kerne zu einem glatten Hefeteig verkneten. Zugedeckt etwa 30 Minuten gehen lassen.
Den Backofen auf 220 Grad vorheizen. Ein Backblech einfetten.
Den Teig durchkneten. Auf etwas Mehl zu einer Rolle formen und in 15 bis 20 Stücke teilen. Jedes Teigstück zu einer Kugel formen, in den restlichen Kernen wälzen und auf das Backblech setzen. Die Teigkugeln oben einritzen und abgedeckt 15 Minuten gehen lassen. Im vorgeheizten Backofen bei 220 Grad etwa 25 Minuten goldbraun backen.

Partybrötchen mit Sauerkraut

Für 1 Springform (Ø 28 cm)
Teig: 250 g frisches Sauerkraut • 1 Schalotte • 3 Scheiben gekochter Schinken • 1 EL Butter • Salz • Pfeffer • 500 g Mehl • ½ Würfel frische Hefe • 1 TL Zucker • ca. 250 ml Milch
Außerdem: Fett für die Form

Die Schalotte schälen und fein würfeln. Den gekochten Schinken fein würfeln. Die Butter in einer Pfanne zerlassen. Die Schalotte darin glasig dünsten. Das Sauerkraut zufügen. Etwa 15 Minuten schmoren lassen. Den gekochten Schinken etwas mitschmoren. Mit Salz und Pfeffer abschmecken. Abkühlen lassen.

Für den Teig die Hefe in eine Schüssel bröckeln. Mit dem Zucker und etwas von der lauwarmen Milch verrühren. Die Hälfte des Mehls in eine Schüssel geben. Die Hefemischung und die restliche Milch damit verrühren. Die Sauerkrautmischung unterrühren. Das restliche Mehl unterkneten. Den Teig zugedeckt etwa 60 Minuten gehen lassen. Den Backofen auf 200 Grad vorheizen. Eine Springform einfetten.
Aus dem Teig etwa 12 kleine Brötchen formen und in die Springform setzen. Im vorgeheizten Backofen bei 200 Grad etwa 40 bis 45 Minuten backen.
Tipp: Schmeckt lecker mit Butter oder zu Spießbraten.

Mini-Partybrötchen

Für etwa 20 Stück
Teig: 500 g Mehl • 3 TL Salz •
4 EL Olivenöl • 2/3 Würfel frische Hefe
oder 1 Päckchen Trockenhefe
Füllung: 6–10 schwarze Oliven •
3–5 getrocknete Tomaten •
1 EL frischer Rosmarin
Außerdem: Mehl fürs Backblech

Für den Teig das Mehl mit Salz und Öl in eine Schüssel geben. Die frische Hefe zerbröckeln, mit 3 Esslöffeln warmem Wasser verrühren und dazugeben, die Trockenhefe nur mit dem Mehl vermischen. Alles mit etwa 225 ml lauwarmem Wasser zu einem glatten Teig verkneten. Zugedeckt 1 Stunde gehen lassen. Ein Backblech bemehlen.

Für die Füllung die Oliven entsteinen und klein schneiden. Die Tomaten klein würfeln. Den Rosmarin waschen, trocken schütteln und fein hacken.

Den Teig kräftig durchkneten, dann den Rosmarin unterkneten. Anschließend den Teig halbieren. Unter die eine Teighälfte die Oliven kneten, die Tomaten unter die andere Hälfte. Aus jeder Teighälfte etwa zehn kleine Brötchen rollen. Die Brötchen auf das Backblech setzen und zugedeckt 30 Minuten gehen lassen. Den Backofen auf 200 Grad vorheizen. Die Brötchen oben einschneiden. Im vorgeheizten Backofen bei 200 Grad etwa 12 Minuten goldbraun backen.

Helle Brötchen

Für etwa 12 Stück

Teig: 500 g Weizenmehl (Typ 550) • 500 g Weizengrieß • 1 Würfel frische Hefe • 1 ½ EL Zucker • 1 ½ EL Salz

Außerdem: Mehl fürs Backblech und zum Formen

Für den Teig die Hefe mit 300 ml lauwarmem Wasser glatt verrühren. Alle anderen Zutaten in eine Schüssel geben. Das Hefe-Wassergemisch und 300 ml lauwarmes Wasser dazugeben. Alles zu einem feuchten Teig verrühren, dann etwa 5 Minuten kneten. Den Teig abgedeckt etwa 40 Minuten gehen lassen, bis er sich etwa verdoppelt hat. Ein Backblech bemehlen.

Den Teig durchkneten und daraus 12 kleine Brötchen formen. Auf dem Backblech abgedeckt etwa 30 Minuten gehen lassen. Den Backofen auf 225 Grad vorheizen. Die Brötchen mit etwas Mehl bestäuben. Die Oberfläche einschneiden. Im vorgeheizten Backofen bei 225 Grad etwa 10 Minuten goldbraun backen.

Feine Schokobrötchen

Für etwa 16 Stück

Teig: 550 g Weizenmehl (Typ 550) • ½ Würfel frische Hefe • ca. 250 ml lauwarme Milch • 50 g Butter • 1 EL Zucker • 2 Eier • 2 TL Salz

Füllung: ca. 100 g Zartbitterschokolade • 2 EL Butter

Außerdem: Fett fürs Backblech • Mehl zum Ausrollen

Für den Teig die Hefe mit der Milch verrühren. Die Butter zerlassen. Mit Mehl, Zucker, Eiern und Salz in eine Schüssel geben. Die Hefemilch dazugießen. Alles kneten, bis der Teig sich vom Schüsselrand löst. Abgedeckt etwa 1 bis 1 ½ Stunden gehen lassen. Anschließend den Teig durchkneten und 10 Minuten ruhen lassen. Ein Backblech einfetten.

Für die Füllung die Schokolade in 16 Stücke zerteilen. Den Teig auf etwas Mehl etwa 1 cm dick ausrollen. Anschließend in etwa 5 cm breite Streifen schneiden. Die Teigstreifen in etwa 10 cm lange Stücke schneiden. Die eine Hälfte der Teigstücke mit etwas zerlassener Butter bestreichen. Die Schokolade auf die andere Teighälfte legen. Dann die bebutterte Teighälfte so darüberschlagen, dass ein kleiner Rand (ca. 1 cm) entsteht. Die Teigröllchen mit der Naht nach unten leicht überlappend nebeneinander auf das Backblech legen. Zugedeckt etwa 30 Minuten gehen lassen.

Den Backofen auf 225 Grad vorheizen.

Die Brötchen mit der restlichen Butter bestreichen. Im vorgeheizten Backofen bei 225 Grad etwa 15 Minuten goldbraun backen.

Bauernbrot

Für 2 Brote

Vorteig: 100 g Mehl • ½ Würfel frische Hefe oder 1 Päckchen Trockenhefe • ½ EL Zucker

Brotteig: 400 g Weizenmehl (Typ 550) • 250 g Roggenmehl (Typ 997 oder 1150) • 1 EL Honig • 1 gehäufter EL Salz

Außerdem: Mehl fürs Backblech

Für den Vorteig die frische Hefe mit 3 Esslöffeln lauwarmem Wasser verrühren und zum Mehl geben, die Trockenhefe nur mit dem Mehl vermischen. Alles mit Zucker und 100 ml lauwarmem Wasser dickbreiig verrühren. Abgedeckt etwa 45 Minuten gehen lassen.

Für den Brotteig alles Mehl, 350 ml lauwarmes Wasser, Honig und Salz zum Vorteig geben und zu einem glatten Teig verkneten. Mit Mehl bestäuben und zugedeckt etwa 1 Stunde gehen lassen. Den Teig durchkneten und 10 Minuten ruhen lassen. Den Backofen auf 250 Grad vorheizen. Ein Backblech bemehlen.

Aus dem Teig 2 Brote formen und mit Mehl bestäuben. Auf dem Backblech abgedeckt etwa 30 Minuten gehen lassen. Im vorgeheizten Backofen bei 250 Grad etwa 10 Minuten backen. Die Hitze auf 175 Grad reduzieren und die Brote etwa 15 Minuten weiterbacken.

Roggenbrot mit Körnern

Für 3 kleine Brote
Teig: 500 g Roggenvollkornmehl • 500 g Weizenvollkornmehl • 1 EL Brotgewürz • 1 EL Salz • 1 Würfel frische Hefe • ca. 500 ml Weizenbier • 150 g flüssiger Sauerteig • 125 g Sonnenblumenkerne
Außerdem: Mehl fürs Backblech • Körnerflocken zum Bestreuen

Für den Teig alles Mehl mit dem Brotgewürz und Salz in eine Schüssel geben. Die Hefe mit dem Bier, 250 ml warmem Wasser und Sauerteig verrühren. Zu den anderen Zutaten in die Schüssel geben und gründlich verkneten. Den klebrigen Teig zugedeckt etwa 2 Stunden gehen lassen, bis er sich verdoppelt hat, zwischendurch einmal durchkneten. Ein Backblech bemehlen.

Den gegangenen Teig kräftig durchkneten, dabei die Sonnenblumenkerne unterkneten. Den Teig zu 3 Laiben formen. Auf dem Backblech zugedeckt noch einmal etwa 30 Minuten gehen lassen, bis der Teig sich verdoppelt hat.

Den Backofen auf 225 Grad vorheizen. Die Brotlaibe mit etwas kaltem Wasser bestreichen und mit den Flocken bestreuen. Im vorgeheizten Backofen bei 225 Grad 10 Minuten backen. Die Hitze auf 175 Grad reduzieren und die Brote noch etwa 40 Minuten weiterbacken.

Tipp: Brotgewürz enthält Koriander, Kümmel, Anis und Muskatnuss.

Walnussbrot

Für 1 Brot
Für den Teig: 100–150 g Walnüsse • 350 g Weizenmehl • 150 g Dinkel- oder Weizenvollkornmehl • ½ Würfel frische Hefe • 1 gehäufter TL Salz
Zum Garnieren: einige Walnusshälften
Außerdem: Fett fürs Backblech • Mehl zum Formen

Für den Teig das Mehl in einer Schüssel vermischen und eine Mulde hineindrücken. Die Hefe mit etwas lauwarmem Wasser verrühren. In die Mulde gießen und mit etwas vom Mehl zu einem Vorteig verrühren. Zugedeckt etwa 2 Stunden gehen lassen. Danach mit etwa 250 ml lauwarmem Wasser, Salz und Walnüssen kräftig kneten. Dabei nach und nach nur so viel Wasser einarbeiten, dass ein weicher, glatter Teig entsteht. Zugedeckt etwa 1 Stunde gehen lassen. Ein Backblech einfetten.
Den Teig leicht durchkneten, zum Brotlaib formen und auf das Backblech legen. Mit den Nüssen garnieren und zugedeckt nochmals etwa 30 Minuten gehen lassen. Den Backofen auf 225 Grad vorheizen. Sobald der Teig schön aufgegangen ist, im vorgeheizten Backofen bei 225 Grad 50 bis 60 Minuten backen. Nach 10 Minuten die Hitze auf 200 Grad reduzieren. Das Brot eventuell abdecken, damit es nicht zu stark bräunt.

Blitzbrot

Für 1 Kastenform (ca. 30 cm)

Teig: 250 g Dinkelvollkornmehl • 250 g Weizenvollkornmehl • 75 g Sonnenblumenkerne • 75 g Sesam • 1 Würfel frische Hefe • 2 TL Salz • 2 EL Zitronensaft oder Essig

Außerdem: Fett für die Form • Körner zum Bestreuen

Eine Kastenform einfetten.

Für den Teig die Hefe mit 450 ml lauwarmem Wasser verrühren. Die anderen Zutaten dazugeben und alles etwa 2 Minuten miteinander verrühren. In die Form füllen, mit Körnern bestreuen und in den kalten Backofen stellen. Bei 200 Grad etwa 1 Stunde backen. Das Brot aus der Form nehmen. In der Restwärme des Backofens noch etwa 10 Minuten nachbacken lassen.

Würziges Weizenbrot

Für 1 Brot
Sauerteig: 375 g Mehl (Typ 550) • 2 gehäufte EL Sauerteigpulver • ½ Würfel frische Hefe
Vorteig: 100 g Mehl • ½ TL Trockenhefe
Brotteig: 150 g Weizenvollkornmehl • 150 g Hartweizengrieß • 2 TL Salz
Außerdem: Mehl fürs Backblech und zum Formen

Für den Sauerteig die Zutaten mit etwa 450 ml lauwarmem Wasser in einem großen Gefäß verrühren. Abdecken und 1 Stunde gehen lassen.
Für den Vorteig das Mehl mit der Hefe und etwa 6 bis 8 Esslöffeln Wasser verrühren, sodass ein dickbreiiger Teig entsteht. Abgedeckt 1 Stunde gehen lassen.
Für den Brotteig Mehl, Grieß und Salz mit dem Sauerteig und dem Vorteig zu einem Teig verkneten. Abgedeckt etwa 1½ Stunden gehen lassen, bis der Teig sich verdoppelt hat.
Den Teig einmal zusammenstoßen, noch etwa 10 Minuten ruhen lassen. Ein Backblech bemehlen. Den Teig zu einem runden Laib formen und auf das Backblech legen. Zugedeckt etwa 1½ Stunden gehen lassen.
Den Backofen auf 250 Grad vorheizen. Die Oberfläche des Brotes mehrfach einschneiden und mit etwas Mehl bestäuben. Im vorgeheizten Backofen bei 225 Grad 10 Minuten backen. Dann die Hitze auf 175 Grad reduzieren und das Brot etwa 35 Minuten weiterbacken.

Ciabatta

Für 2 Brote
Vorteig: 150 g Mehl (Typ 550) • 3 EL lauwarme Milch • ½ TL Trockenhefe • ¼ TL Zucker
Brotteig: 275 g Hartweizengrieß • 75 g Mehl (Typ 550) • ½ TL Trockenhefe • 2 TL Olivenöl • 1 ½ TL Salz
Außerdem: Mehl fürs Backblech und zum Formen

Für den Vorteig 150 ml lauwarmes Wasser mit der Milch, Hefe, dem Zucker und Mehl verrühren. Zugedeckt 12 Stunden gären lassen.
Für den Brotteig die Hefe mit 250 ml lauwarmem Wasser verrühren. Mit dem Öl zum Vorteig geben und gut vermischen. Den Grieß, das Mehl und Salz zufügen. Alles zu einem sehr weichen Teig kneten, bis er sich vom Schüsselrand löst. Den Teig zugedeckt 3 Stunden gehen lassen. Ein Backblech bemehlen.
Den Teig noch in der Schüssel mit einer Teigkarte halbieren. Die Teighälften auf das Backblech setzen. Jeden Teigstrang vorsichtig auf eine Länge von etwa 30 cm ziehen. Dazu den Teig mit gut bemehlten Händen anheben, leicht ziehen und dabei die seitlichen Teigränder unter den Teig schieben. Den Backofen auf 225 Grad vorheizen. Die Teigstränge unbedeckt 25 Minuten gehen lassen.
Anschließend im vorgeheizten Backofen bei 225 Grad etwa 30 Minuten backen.

Korbbrot mit Fenchel

Für 2 Brote

Teig: 400 g Roggenvollkornmehl • 350 g Weizenvollkornmehl • 1 Würfel frische Hefe • 2 EL Zucker • 1 TL Fenchelsamen • 3 TL Salz • 75–80 g flüssiger Sauerteig

Außerdem: Mehl für die Teigkörbe • Fett fürs Backblech

Für den Teig die Hefe zerkrümeln und mit dem Zucker und etwa 2 Esslöffeln lauwarmem Wasser verrühren. Die Fenchelsamen im Mörser zerstoßen oder mit einem Messer fein hacken. Alles Mehl, Fenchel und Salz in einer großen Schüssel vermischen. Die aufgelöste Hefe, den Sauerteig und etwa 500 ml lauwarmes Wasser zu einem glatten Teig verkneten. Mindestens 10 Minuten kneten und schlagen, damit der Teig schön luftig wird. Zugedeckt etwa 45 Minuten gehen lassen. Die Teigkörbe bemehlen.

Den Teig nochmals kräftig durchkneten. Zu zwei gleich großen Kugeln formen und in die Teigkörbe legen. Mit einem Tuch bedecken und 1 bis 1½ Stunden gehen lassen, bis der Teig sein Volumen um etwa ein Drittel vergrößert hat.

Den Backofen auf 230 Grad vorheizen. Ein Backblech einfetten.

Ein feuerfestes Gefäß mit kaltem Wasser auf den Boden des Backofens stellen. Die Teigkugeln vorsichtig auf das Backblech stürzen. Im vorgeheizten Backofen bei 230 Grad 10 Minuten backen. Die Temperatur auf 210 Grad reduzieren und die Brote 40 bis 50 Minuten weiterbacken. Den Backofen ausschalten. Die Brote noch 5 Minuten im geöffneten Backofen stehen lassen, erst dann vom Backblech nehmen.

Rosinen-Rosmarinbrot

Für 2 Brote
Teig: 375 g Mehl (Typ 550) • 125 g Hartweizengrieß • 1/3 Würfel frische Hefe oder 2 TL Trockenhefe • 3 EL Milch • 1 EL Rosmarin • 1 ½ TL Salz • 4 EL Olivenöl • 225 g Rosinen • 4 Eier
Außerdem: Mehl fürs Backblech

Für den Teig das Mehl mit dem Grieß in eine Schüssel geben. Die frische Hefe in 75 ml lauwarmem Wasser und der Milch auflösen und zum Mehl geben, die Trockenhefe nur mit dem Mehl mischen. Den Rosmarin fein hacken. Mit Salz, Öl und Rosinen zum Mehl geben. Die Eier zufügen. Alles miteinander verkneten, bis sich der Teig vom Schüsselrand löst. Abgedeckt 2 Stunden gehen lassen. Ein Backblech bemehlen. Aus dem Teig 2 Brote formen. Auf das Backblech setzen und zugedeckt etwa 1 Stunde gehen lassen. Den Backofen auf 200 Grad vorheizen. Die Oberfläche der Brote kreuzweise einschneiden. Im vorgeheizten Backofen bei 200 Grad etwa 30 Minuten backen.
Tipp: Statt der Rosinen gewürfelte Trockenfrüchte wie Feigen, Aprikosen oder Äpfel unter den Teig kneten. Das Öl dann durch Orangensaft ersetzen.

Speckgugelhupf

Für 1 Gugelhupfform

Teig: 500 g Mehl • 1 EL Zucker • ½ Würfel frische Hefe oder 1 Päckchen Trockenhefe • 250 ml lauwarme Milch • 2 TL Salz • 1 Ei • 50 g weiche Butter • 100 g Räucherspeck in Würfeln • 10 grob gehackte Walnüsse

Außerdem: Fett und Mehl für die Form

Für den Teig das Mehl in eine Schüssel geben und eine Mulde bilden. Die frische Hefe zerkrümeln. Mit dem Zucker und etwas von der lauwarmen Milch vorsichtig verrühren. In die Mulde geben und mit etwas Mehl bestäuben. Abgedeckt 10 Minuten gehen lassen. Die Trockenhefe nur mit dem Mehl vermischen. Dann Salz, Ei und Butter zugeben. Den Teig gründlich durchkneten, dabei nach und nach die restliche Milch zufügen. Abdecken und 1 bis 2 Stunden gehen lassen. Nachdem der Teig sich verdoppelt hat, die Speckwürfel und die Walnüsse unterkneten. Eine Gugelhupfform gut einfetten und mit Mehl ausstäuben. Den Teig in die Form geben. Zugedeckt nochmals gehen lassen, bis der Teig fast aus der Form klettern will. Den Backofen auf 200 Grad vorheizen. Den Teig etwa 40 Minuten backen. Den Backofen ausschalten und den Kuchen noch 10 Minuten nachbacken lassen. Herausnehmen und vor dem Stürzen 10 Minuten ruhen lassen.

Tipp: Der Speckgugelhupf passt gut zu einem kühlen Glas Sekt oder Weißwein.

Butterstuten

Für 1 Kastenform

Teig: 500 g Mehl • 80–100 g Butter • ½ Würfel frische Hefe • 80 g Zucker • 125 ml Milch • 1 Ei • 1 Eiweiß • ½ TL Salz • 200 g Rosinen

Außerdem: Fett für die Form • 1 Eigelb und 3 EL Milch zum Bestreichen

Für den Teig die Hefe in eine Schüssel krümeln. Mit etwas Zucker bestreuen und mit ein wenig Milch übergießen. Einige Minuten stehen lassen. Die Butter zerlassen. Wenn die Hefe sich aufgelöst hat, verrühren und die restliche Milch einrühren. Mit den übrigen Zutaten, bis auf die Rosinen, zu einem geschmeidigen Hefeteig verkneten. Jetzt die Rosinen kurz unterkneten. Den abgedeckten Teig etwa 45 Minuten gehen lassen, bis sich das Volumen verdoppelt hat. Eine Kastenform einfetten.

Den Teig einmal kräftig durchkneten und in die Form geben. Zugedeckt weitere 45 Minuten gehen lassen, bis der Teig sein Volumen verdoppelt hat. Den Backofen auf 220 Grad vorheizen.

Das Eigelb mit der Milch verquirlen. Die Teigoberfläche damit bestreichen. Eine feuerfeste Schale mit Wasser auf den Boden des Backofens stellen. Die Form auf die mittlere Schiene stellen und bei 220 Grad backen. Nach 10 Minuten die Temperatur auf 200 Grad reduzieren und die Form auf die untere Schiene stellen. Das Brot eventuell abdecken und weitere 20 bis 30 Minuten backen.

Aprikosen-Zopfkranz

Für 1 Kranz
Teig: 65 g getrocknete Aprikosen • 50 ml Orangenlikör oder -saft • 300 g Mehl • 1 Päckchen Trockenhefe • 2 EL Zucker • etwas Salz • 3 Eier • 100 g Quark • 50 g weiche Butter
Zum Bestreuen: gehackte Pistazien • Puderzucker
Außerdem: Fett fürs Backblech • Mehl zum Ausrollen

Für den Teig die Aprikosen klein würfeln und mindestens 1 Stunde in dem Likör oder Saft quellen lassen.
Das Mehl mit der Hefe, dem Zucker und Salz vermischen. Eier, Quark und Butter zugeben. Alles zu einem geschmeidigen Hefeteig kneten, eventuell noch 2 Esslöffel Wasser unterkneten. Nach und nach die Aprikosenmischung unterkneten. Den Teig abgedeckt etwa 2 Stunden gehen lassen, bis er sich verdoppelt hat. Ein Backblech einfetten.
Den Teig in 3 gleich große Portionen teilen. Jede Portion auf etwas Mehl zu einem 3 bis 4 cm dicken Strang rollen. Die Stränge auf dem Backblech zu einem Kranz flechten. Die Enden auch miteinander verflechten, gut andrücken. Die Pistazien darüberstreuen und leicht in den Teigkranz drücken. Zugedeckt 1 Stunde gehen lassen. Im vorgeheizten Backofen bei 200 Grad etwa 20 Minuten goldbraun backen. Den Kranz aus dem Backofen nehmen, dick mit Puderzucker bestreuen und abkühlen lassen.
Tipp: Mit Butter und Aprikosenkonfitüre servieren.

Kräuterfladen vom Blech

Für 1 Backblech
Teig: 400 g Mehl • 1 Würfel frische Hefe • 1 TL Zucker • ½ TL Salz • 5 EL kalt gepresstes Olivenöl
Belag: je 2 Zweige Rosmarin und Thymian • 4 Knoblauchzehen • etwas grobes Salz • 4–6 EL Olivenöl
Außerdem: Fett fürs Backblech

Für den Teig die Hefe zerkrümeln. Den Zucker zugeben und mit etwas lauwarmem Wasser übergießen und warten, bis die Hefe sich aufgelöst hat. Die Hefemischung mit Mehl, Salz, Öl und etwa 250 ml lauwarmem Wasser in 10 Minuten zu einem glatten Teig kneten. Zugedeckt etwa 30 Minuten gehen lassen, das Volumen soll sich dabei etwa verdoppeln.

Für den Belag die Kräuter putzen, waschen und trocken schütteln, anschließend die Blättchen von den Stielen zupfen und hacken. Den Knoblauch schälen und in Scheiben schneiden. Ein Backblech einfetten.

Den Teig einmal kräftig durchkneten und anschließend etwa 10 Minuten ruhen lassen, damit er sich wieder entspannt. Auf dem Backblech ausrollen. Den Backofen auf 200 Grad vorheizen.

Den Teig mit einer Gabel mehrfach einstechen. Die Kräuter, den Knoblauch und etwas grobes Salz auf dem Teig verteilen. Mit dem Olivenöl beträufeln und 15 bis 20 Minuten gehen lassen. Die Teigfladen im vorgeheizten Backofen bei 200 Grad etwa 20 bis 30 Minuten goldbraun backen.

Tipp: Am besten direkt aus dem Backofen servieren.

Käse-Rosmarinfladen

Für 1 Tarte- oder Springform (Ø 24 cm)
Teig: 250 g Mehl • ½ Würfel frische Hefe • 1 TL Zucker • ½ TL Salz • 1 EL Olivenöl
Füllung: 150 g Käse in Scheiben (z. B. Gruyère) • 5–6 Scheiben Kochschinken
Zum Garnieren: 1 EL Olivenöl • 1–2 EL Rosmarin • grobes Meersalz
Außerdem: Fett für die Form • Mehl zum Ausrollen

Den Backofen auf 200 Grad vorheizen. Eine Tarte- oder Springform einfetten.
Für den Teig die Hefe mit dem Zucker in 2 Esslöffeln lauwarmem Wasser auflösen. Mit dem Mehl, Salz, Olivenöl und etwa 100 ml lauwarmem Wasser zu einem glatten Teig verkneten. Abgedeckt etwa 30 Minuten gehen lassen.
Den Teig kurz durchkneten und halbieren. Auf etwas Mehl zwei Kreise ausrollen. Eine Teigplatte in die Form legen.
Für die Füllung den Schinken und den Käse in Streifen schneiden und auf den Teigboden legen. Die zweite Teigplatte darauflegen. An den Rändern andrücken und rautenförmig einritzen.
Zum Garnieren den Fladen mit dem Öl beträufeln. Mit Rosmarin und Meersalz bestreuen. Im vorgeheizten Backofen bei 200 Grad etwa 15 bis 20 Minuten goldbraun backen.

Kressebrötchen

Für etwa 16 Stück
Teig: 1 Schale Kresse • 250 g Mehl • 1 TL Backpulver • ¾ TL Salz • 3 EL Öl • 175 g Schmand • 1 Zwiebel • 1 EL Butterschmalz
Außerdem: Fett fürs Backblech • Mehl zum Ausrollen • 1 kleines Ei zum Bestreichen

Die Kresse vom Beet schneiden, nur wenn nötig vorher waschen. Die Zwiebel abziehen und fein hacken. Beides in dem Schmalz andünsten. Erkalten lassen. Den Backofen auf 200 Grad vorheizen. Ein Backblech einfetten.

Für den Teig das Mehl mit dem Backpulver, Salz, Öl und Schmand glatt verkneten. Die Kresse-Zwiebelmischung unter den Teig kneten. Den Teig auf etwas Mehl fingerdick ausrollen. Runde Plätzchen (Durchmesser etwa 5 cm) ausstechen und auf das Backblech legen. Das Ei verschlagen und die Brötchen damit bestreichen. Im vorgeheizten Backofen bei 200 Grad etwa 15 Minuten goldbraun backen.

Tipp: Am besten noch lauwarm servieren.

Brotstangen

Für 60 bis 80 Stangen
Teig: 600 g Mehl • 20 g Grieß • ½ Würfel frische Hefe • 1 TL Zucker • 1 TL Salz • 100 ml Olivenöl
Außerdem: Öl zum Bestreichen• Mehl zum Formen

Für den Teig die Hefe in eine Schüssel krümeln. Mit dem Zucker und 2 Esslöffeln lauwarmem Wasser bedecken. 5 Minuten warten, bis sich die Hefe aufgelöst hat. Die flüssige Hefe mit den restlichen Zutaten und 300 ml lauwarmem Wasser zu einem geschmeidigen Teig verkneten. Den Teig in drei Portionen teilen und mit etwas Öl bestreichen. Abgedeckt 1 Stunde in den Kühlschrank legen.

Den Backofen auf 180 Grad vorheizen. Ein Backblech mit Backpapier belegen.

Die Teigstücke nach und nach aus dem Kühlschrank nehmen. Auf wenig Mehl schön flach drücken und in ½ cm schmale Streifen schneiden. Die Streifen zu gleichmäßig dünnen Stangen rollen und auf das Backblech legen. Im vorgeheizten Backofen bei 180 Grad je nach Dicke etwa 15 Minuten schön goldbraun backen.

Tipp: Die Brotstangen vor dem Backen in grobem Salz oder Sesam wälzen. Oder gehackte Oliven, Röstzwiebeln oder Kräuter unter den Teig kneten.

Buchweizen-Knäckebrot

Für 2 bis 3 Bleche
Teig: 100 g Buchweizenmehl • 100 g Roggenmehl • 1 TL Backpulver • ½ TL Salz • 50 g Butter • 125 g trockener Quark • 50 ml Milch
Außerdem: Fett fürs Backblech • Mehl zum Ausrollen

Für den Teig alle Zutaten glatt verkneten. Abgedeckt etwa 45 Minuten bei Raumtemperatur ruhen lassen. Die Backbleche einfetten.
Den Teig auf etwas Mehl sehr dünn (2 bis 3 mm) ausrollen und auf die Backbleche legen. Die Teigplatten mit einer Gabel mehrfach einstechen und mit einem Teigrädchen oder Messer in Rechtecke teilen. Das Backblech in den kalten Backofen schieben. Die Teigplatten nacheinander bei 200 Grad etwa 25 bis 30 Minuten backen. Nach dem Erkalten in Rechtecke brechen. **Tipp: Das Knäckebrot in einer Blechdose aufbewahren, damit es schön knusprig bleibt.**

Zwiebelfladen

Für 1 Fladen
Teig: 500 g Mehl • ½ Würfel frische Hefe • 1 TL Zucker • 1 TL Salz • 3 EL Olivenöl
Füllung: 300 g Zwiebeln • 1 Knoblauchzehe • 5 EL Olivenöl • 1 Stange Frühlingslauch • etwas frischer Thymian und Rosmarin • 1 EL Sauerrahm • grobes Meersalz • Pfeffer
Außerdem: Fett fürs Backblech • Mehl zum Ausrollen

Für den Teig die Hefe in 125 ml lauwarmem Wasser auflösen. Mit dem Mehl, Zucker, Salz und Olivenöl zu einem Teig verkneten, eventuell etwas lauwarmes Wasser zufügen. Zugedeckt 1½ Stunde gehen lassen. Den Backofen auf 200 Grad vorheizen. Ein Backblech einfetten.
Für die Füllung die Zwiebeln und den Knoblauch schälen, in Scheiben schneiden und in Öl anschwitzen. Abkühlen lassen. Den Frühlingslauch putzen, waschen und klein schneiden. Mit Zwiebeln, Kräutern und Sauerrahm vermischen.
Den Backofen auf 200 Grad vorheizen. Den Teig auf etwas Mehl zu zwei gleich großen Rechtecken ausrollen. Die eine Hälfte auf das Backblech legen. Die Zwiebelmasse darauf verteilen. Mit der zweiten Teighälfte abdecken. Mit den Fingern oben kleine Dellen eindrücken. Mit Meersalz und frisch gemahlenem Pfeffer bestreuen. Im vorgeheizten Backofen bei 200 Grad etwa 15 bis 20 Minuten backen.

Kümmelstangen

Für etwa 12 bis 16 Stück
Teig: 500 g Mehl •
½ Würfel frische Hefe •
1 Prise Zucker •
1 TL Salz
Zum Bestreuen:
2 EL Kümmel •
2 TL grobes Meersalz
Außerdem: Fett fürs Backblech • Mehl zum Formen

Für den Teig die Hefe in 100 ml lauwarmem Wasser mit dem Zucker auflösen, 10 Minuten gehen lassen. Das Mehl mit Salz, der Hefeflüssigkeit und etwa 250 ml lauwarmem Wasser zu einem glatten Teig verkneten. Abgedeckt etwa 45 Minuten gehen lassen. Ein Backblech einfetten. Den Teig in 12 bis 16 Stücke teilen. Jedes Teigstück mit bemehlten Händen zu etwa 18 cm langen Rollen formen. Auf das Backblech legen. Den Backofen auf 220 Grad vorheizen. Die Stangen mit etwas Wasser bestreichen und mit Kümmel und Salz bestreuen. Abgedeckt 20 Minuten gehen lassen. Die Brotstangen im vorgeheizten Backofen bei 220 Grad etwa 12 bis 15 Minuten goldbraun backen.

Rezeptregister

Obstkuchen

Apfelkuchen mit Amarettini 33
Apfelkuchen mit Eierguss 34
Apfelkuchen mit Karamell 36
Apfelstrudel 42
Apfeltarte mit Zimtparfait 38
Apfel-Walnusskuchen 39
Aprikosenkuchen 10
Aprikosen-Mandelkuchen 12
Aprikosentarte 8
Beerencrostata 25
Beerenkuchen 24
Erdbeer-Joghurttorte 14
Gestürzte Apfeltarte 32
Heidelbeertarte 22
Himbeertörtchen mit Zitronencreme 31
Himbeertorte mit Frischkäse 30
Käsekuchen mit Heidelbeeren 23
Kirschkuchen mit Streuseln 26
Knuspriger Kirschfladen 27
Nektarinenkuchen 16
Pfirsich-Mohnkuchen 20
Rhabarberkuchen 19
Sauerkirschkuchen mit Mandelbaiser 28
Stachelbeer-Schokoschnitten 18
Strudel Grundrezept 40
Zwetschgenstrudel 43

Torten

Amarena-Nusstorte 72
Französische Mokkatorte 58
Hagebuttentorte mit Rotweinpflaumen 59
Heidetorte 46
Joghurt-Früchtetorte 49
Johannisbeer-Schokotorte 54
Jütländer Brottorte 65
Limonen-Cremetorte 66
Linnewedeltorte 70
Mandeltorte mit Preiselbeeren 48
Nuss-Schichttorte 57
Pflaumenmus-Krokanttorte 50
Pflaumentorte mit Zimtsahne 51
Portugiesische Orangentorte 68
Quarksahnetorte mit Kirschen 62
Rahmtorte mit Schwarzkirschen 60
Stachelbeer-Baisertorte 56
Waldmühlen-Kirschtorte 52
Wellentorte mit Zimtsahne 64

Blech & Form

Beschwipste Fliederschnitten	83
Engadiner Nusstorte	96
Feiner Schokoladenkuchen	102
Französischer Früchtekuchen	92
Hagebutten-Streuselkuchen	89
Hünnefelder Saisonkuchen	76
Käsekuchen	85
Marmorkuchen	91
Mohntorte	80
Napfkuchen „Süße Winterfreude“	94
Omas Butterkuchen	78
Preiselbeerkuchen	90
Schokoladen-Maronenkuchen	98
Schokoladentorte mit Kirschen	99
Schokotorte vom Blech	82
Schoko-Walnusstarte	100
Süßer Spinatkuchen	78
Zimt-Tarteletts mit Orangenkompott	86
Zitronen-Kräuterkuchen	84
Zitronentörtchen	88

Brot & Brötchen

Aprikosen-Zopfkranz	124
Bauernbrot	112
Blitzbrot	115
Brotstangen	130
Buchweizen-Knäckebrot	131
Butterstuten	122
Ciabatta	117
Feine Schokobrötchen	111
Helle Brötchen	110
Joghurtbrötchen mit Körnern	106
Käse-Rosmarinfladen	128
Korbbrot mit Fenchel	118
Kräuterfladen vom Blech	126
Kressebrötchen	129
Kümmelstangen	133
Mini-Partybrötchen	109
Partybrötchen mit Sauerkraut	108
Roggenbrot mit Körnern	113
Rosinen-Rosmarinbrot	119
Speckgugelhupf	120
Walnussbrot	114
Würziges Weizenbrot	116
Zwiebelfladen	132

Impressum

Herausgeber:
Redaktion Landlust
Hülsebrockstraße 2–8, 48165 Münster
Tel.: 02501/801-6112
Fax: 02501/801-6119
Internet: www.landlust.de
E-Mail: Redaktion@landlust.de

Chefredakteurin: Ute Frieling-Huchzermeyer

Konzept und Rezeptauswahl: Gertrud Berning, Ute Frieling-Huchzermeyer, Lena Pfannschmidt

Rezepte: Gertrud Berning (23), Manuela Rüther (12), Regine Stroner (9), Christa Gombel (6), Elisabeth Berkau (4), Heather Heinze (4), Bernd Kleinöder (4), Christhilde Haferland (2), Familie Niemann (2), Carmen Feldhaus (1), Mathilde Friederichsen (1), Ellen Hübner (1), Lena Pfannschmidt (1), Anne Rahn (1), entnommen aus: „Orangen für den Bischof", Potsdamer Pomologische Geschichten (1), aus unserer Rubrik „Land & Lecker" (18)

Redaktion: Gertrud Berning, Birgit Brokamp, Lena Pfannschmidt

Layout: Karla Breilmann, Heike Gütting, Frank Hegemann
Bildbearbeitung: Tanja Stegemann
Korrektur: Beate Hauling

Fotos: Heinz Duttmann (53), Winfried Heinze (18), Manuela Rüther (16), Norbert Schmelz (12), Elisabeth Berkau (5), Carolin Gagidis (2), Friedemann Kahl (2), Roland Krieg (2), Tom Bloch (1), Ursel Borstell (1), H. Dietrich Habbe (1), Angela Liebich (1), Neeltje Reijerman (1)
Titelfotos: Manuela Rüther (2), Heinz Duttmann (1), Norbert Schmelz (1)
Rückseite: Heinz Duttmann (2), Manuela Rüther (1), Norbert Schmelz (1)

Verlag: Landwirtschaftsverlag GmbH,
48084 Münster, Telefon: 02501/801-0, Telefax: 02501/801-204
Internet: www.lv-h.de, E-Mail: service@landlust.de

Druck: Griebsch & Rochol Druck GmbH & Co. KG

4. Auflage 2013

ISBN: 978-3-7843-5268-8

Wir danken

Seit der ersten Landlust-Ausgabe stellen wir in unserer Rubrik „Land & Lecker“ schöne Cafés und Restaurants vor. Dabei liefern die Häuser uns und unseren Lesern ein Rezept und lüften damit ein Küchengeheimnis. Die beliebtesten Torten, Kuchen und herzhaften Backwerke finden sich in diesem Buch wieder. Wir danken:

Gutshaus von Bismarck in Braunsroda
Rhabarberkuchen (Seite 19)

Café im Gärtchen in Kleve-Keeken
Himbeertorte mit Frischkäse (Seite 30)

Restaurant Loagshof in Warstein
Apfeltarte mit Zimtparfait (Seite 38)

Stöckmanns Hofcafé in Winsen
Heidetorte (Seite 46)

Antikhof Refugium in Plattenburg-Glöwen
Joghurt-Früchtetorte (Seite 49)

Matina's Café in Salzhausen
Pflaumenmus-Krokanttorte (Seite 50)

Café Langes Mühle in Uetersen
Pflaumentorte mit Zimtsahne (Seite 51)

Das kleine Waldcafé in Willebadessen
Waldmühlen-Kirschtorte (Seite 52)

Kunsthof Gloriana in Wallenstedt
Johannisbeer-Schokotorte (Seite 54)

Kaffee- und Vesperstube Hagemeier in Rietberg
Nuss-Schichttorte (Seite 57)

Café Lagerhaus a. d. Lauter in Gomadingen-Dapfen
Hagebuttentorte mit Rotweinpflaumen (Seite 59)

Hoffmann's Restaurant auf Fehmarn
Jütländer Brottorte (Seite 65)

Dör'n Schapp in Vorwerk
Linnewedeltorte (Seite 70)

Café Alte Rentei in Bad Essen
Hünnefelder Saisonkuchen (Seite 76)

Café Dubenhus in Blücherhof
Mohntorte (Seite 80)

Café Bonheur in Wetter
Schokotorte vom Blech (Seite 82)

Restaurant Pfaffenkeller in Wollbach bei Kandern
Speckgugelhupf (Seite 120)

Home & Garden in Vreden
Käse-Rosmarinfladen (Seite 128)